X.media.press

X.media.press ist eine praxisorientierte Reihe zur Gestaltung und
Produktion von Multimedia-Projekten sowie von Digital- und Printmedien.

Albrecht Fischer · Eva Toball

Bildpersonalisierung mit Adobe Photoshop

Variable Daten in der Bildkommunikation

Albrecht Fischer · Eva Toball

ISSN 1439-3107
ISBN 978-3-642-54500-9   ISBN 978-3-642-54501-6 (eBook)
DOI 10.1007/978-3-642-54501-6

Die Deutsche Nationalbibliothek verzeichnet diese Publikation in der Deutschen National-bibliografie; detaillierte bibliografische Daten sind im Internet über http://dnb.d-nb.de abrufbar.

© Springer-Verlag Berlin Heidelberg 2014

Das Werk einschließlich aller seiner Teile ist urheberrechtlich geschützt. Jede Verwertung, die nicht ausdrücklich vom Urheberrechtsgesetz zugelassen ist, bedarf der vorherigen Zustimmung des Verlags. Das gilt insbesondere für Vervielfältigungen, Bearbeitungen, Übersetzungen, Mikroverfilmungen und die Einspeicherung und Verarbeitung in elektronischen Systemen.

Die Wiedergabe von Gebrauchsnamen, Handelsnamen, Warenbezeichnungen usw. in diesem Werk berechtigt auch ohne besondere Kennzeichnung nicht zu der Annahme, dass solche Namen im Sinne der Warenzeichen- und Markenschutz-Gesetzgebung als frei zu betrachten wären und daher von jedermann benutzt werden dürften.

Springer Vieweg ist eine Marke von Springer DE.
Springer DE ist Teil der Fachverlagsgruppe Springer Science+Business Media
http://www.springer-vieweg.de

Bildmaterial von Dreamstime (www.dreamstime.com) wurde auf folgenden Seiten verwendet:
2, 3, 6, 11, 12, 14, 16, 18-20, 25, 29, 30, 33, 36-39, 42, 48, 55, 58, 64-66, 74, 84, 85

Für Informationen zum im Buch eingesetzten VaDiP-Skript siehe http://www.xqx.ae/vadip

Inhaltsverzeichnis

Teil I

1 Einleitung und Hintergründe — 1

1.1 Technologie und Kreativität 2
1.2 Bildpersonalisierung – wozu? 5
1.3 Aufbau des Buches 8

2 Bildkonzepte und Motive — 9

2.1 Motivauswahl für fotorealistische Bildpersonalisierung 10
2.1.1 Zeichensatzbasierte (Vektor-)Schrift 10
2.1.2 Schriften aus Bildbausteinen und aus Bildglyphen 13
2.2 Unmögliche Bilder 15
2.3 Techniken für künstlerische Gestaltung 15

3 Schrift — 17

3.1 Glyphen und Zeichensätze 18
3.2 Schriftzüge 21
3.3 Schrift in Bilder integrieren 23

4 Personalisierungstemplates erstellen — 27

4.1 Textbearbeitung 28
4.2 Masken 32
4.3 Ebenenstile, Stile und Einstellungsebenen 40
4.4 Aktionen 40

Teil II

5   VaDiP – Variable Daten in Photoshop   45

- 5.1 Komponenten 46
- 5.1.1 Datensätze 48
- 5.1.2 Personalisierungstemplate 49
- 5.1.3 Steuerdatei 49
- 5.1.4 Bildfont 50
- 5.2 VaDiP Dialog 50
- 5.2.1 Schnappschuss 50
- 5.2.2 Ausgabeformate 52
- 5.2.3 Farbebene und Aktionsgruppe 52
- 5.2.4 Hilfsroutinen für Bildfonts 52

6   Steuerbefehle   53

- 6.1 Datenauswahl/-sichtbarkeit 54
- 6.2 Zufall 61
- 6.2.1 Schriftgröße und Zeichenposition 62
- 6.2.2 Ebenenposition und -skalierung 67
- 6.2.3 Farbe 69
- 6.2.4 Stil 71
- 6.3 Begrenzungen 75
- 6.4 Aktionen 77
- 6.5 Bildfont-Steuerbefehle 77

7   Bildfonts   81

- 7.1 Bildfonts: pixelbasierte Zeichensätze 82
- 7.1.1 Bildglyphendatei 83
- 7.1.2 Glyphennamen 86
- 7.1.3 Maßangaben und Kerning 89
- 7.2 Bildbausteine 91

8   Anhang   99

Teil I

Einleitung und Hintergründe

1.1 Technologie und Kreativität

Um die Jahrtausendwende entstanden durch die Entwicklungen im Digitaldruck neue Möglichkeiten der Personalisierung und des One-to-One-Marketing. Mit der Verfügbarkeit qualitativ hochwertiger, farbiger Digitaldruckmaschinen, die individuelle Drucke auch zu vertretbaren Kosten produzieren konnten, kamen bald die ersten Lösungen für Bildpersonalisierung auf. Dabei dominierten Lösungen aus Deutschland den Markt[1]. Einige dieser Lösungen basieren auf proprietären Algorithmen für die Bildbearbeitung. Als die Autoren 2006 die Druckdaten eines Magazincovers zu bearbeiten hatten, das ein mit einer solchen Lösung personalisiertes Bild enthielt, waren sie nicht nur vom trivialen Motiv enttäuscht, sondern vor allem erstaunt darüber, welchen (technischen) Qualitätsverlust das Bild durch den Personalisierungsprozess erlitten hatte. Ein Wort gab das andere, und so wurde aus dem kritischen Kommentar „Mit Photoshop wäre das nicht passiert!" ein erstes Personalisierungsprojekt in Photoshop. Schon bald war eine Lösung entwickelt, die die Bilder eines personalisierten Kalenders für einen Autohersteller mit Hilfe eines Photoshop-Skripts erstellte.

---

1   vgl. Kurt K. Wolf (2007), *A Personal Touch for Better Response*, in: The Seybold Report, Analyzing Publishing Technologies, Vol. 7 No. 1, S. 7–12

T name_1_4#cb_-13_-5#

Während sich die technische Qualität der gängigen Bildpersonalisierung inzwischen teilweise verbessert haben mag, bleibt jedoch der Eindruck, dass die Individualisierung häufig nicht als kreative Kommunikationsform genutzt wird. Dies hat nicht zuletzt damit zu tun, dass oft die Digitaldrucker diejenigen sind, die ihren Kunden Bildpersonalisierungsprojekte vorschlagen und „verkaufen". So werden dann vielfach mehr oder weniger ansprechende Bilder aus den vorbereiteten Sammlungen verwendet oder es werden Bildpersonalisierungen von eher technisch orientierten Mitarbeitern gestaltet. Auch wenn es durchaus Beispiele für gelungene Umsetzungen gibt, so bleibt der größte Teil der Personalisierungen bislang doch weit hinter den kreativen und gestalterischen Möglichkeiten zurück, die die Technik eigentlich bietet.

Das Credo der Autoren ist daher, dass Bildpersonalisierung in die Hände von Kreativen gehört. Denn es geht schon lange nicht mehr in erster Linie um technische Aspekte – diese waren genaugenommen nie wirklich ein Problem. Die eigentlichen Knackpunkte sind vielmehr das hinter einer Bildpersonalisierung stehende gestalterische Konzept und die gekonnte grafische Umsetzung desselben.

Das Buch will daher Anregungen für die Konzeption von Bildpersonalisierungsprojekten geben. Hierfür spielt es keine Rolle, mit welcher Technik die

T name_3_6#

Projekte hinterher umgesetzt werden. Es reicht aus, sich klarzumachen, was man als Kreativer verlangen kann und dass dies technisch meist kein Hexenwerk ist. Es gibt kaum einen Grund, sich in seiner Kreativität einschränken zu lassen. Oder um es mit einem Slogan auszudrücken, den Adobe bereits in den 90er Jahren prägte: *If you can dream it, you can do it!*

Darüber hinaus stellt das Buch auch konkret und im Detail eine Lösung vor, wie sich Bildpersonalisierung in Adobe Photoshop mit Hilfe eines Skripts umsetzen lässt[2]. Abgesehen davon, dass dieser Ansatz deutlich kostengünstiger ist als der Einsatz von Speziallösungen, bietet dieses Vorgehen entscheidende Vorteile: Erstens geschieht die Personalisierung in Photoshop, was nahezu unbegrenzte Gestaltungsmöglichkeiten durch Ebenen, Effekte, Masken, Mischmodi und Filter ermöglicht und gleichzeitig ein technisch einwandfreies Ergebnis gewährleistet. Zweitens wird die Personalisierung auch in Photoshop definiert, so dass – abgesehen von einigen Steuerbefehlen – weder ein neues Programm erlernt werden muss noch irgendwelche Programmierkenntnisse erforderlich sind. Drittens kann die Photoshopdatei mit den enthaltenen Steuerbefehlen direkt als Personalisierungsvorlage verwendet und mit anderen Anwendern ausgetauscht werden. Dass dabei gegebenenfalls zu-

---

2 Eine Demoversion des Skripts kann unter http://www.xqx.ae/vadip heruntergeladen werden.

sätzlich die Fontdateien für die verwendeten Schriftarten oder Bildglyphen mitgegeben werden müssen, ist klar. Dies versteht sich jedoch von selbst und ist allseits gewohnte Praxis.

1.2 Bildpersonalisierung – wozu?

Bildpersonalisierung macht zunächst einmal einfach Spaß. Es ist gleichsam die schnellste und direkteste Form, sich ein Bildmotiv „anzueignen" und seine Botschaft in ein Bild zu setzen. Bildpersonalisierung hat aber auch einen sehr klaren und weitestgehend unbestrittenen ökonomischen Nutzen.

Vor einigen Jahren lautete die Frage: Lohnt sich (Bild-)Personalisierung im Vergleich zu nicht-personalisierten Massendrucksachen? Dabei standen den erwarteten höheren Antwortraten die im Vergleich zu Offsetdruck höheren Kosten des Digitaldrucks gegenüber. Und genau diese Frage positiv zu beantworten war die Aufgabe diverser Studien, die meist von den Herstellern von Digitaldruckmaschinen in Auftrag gegeben oder gesponsert wurden. Ohne hier in die formale Diskussion über die Methodik einzelner Marktforschungsstudien einsteigen zu wollen, die teilweise eine Steigerung der Antwortraten von bis zu 500 % ermittelt haben, kann gleichwohl als unstrittige Aussage fest-

gehalten werden, dass durch Personalisierung bzw. durch eine persönliche Ansprache eine höhere Aufmerksamkeit erreicht wird.

Heute stellt sich jedoch die Frage so meist nicht mehr. Denn durch die technologische Entwicklung ist die Möglichkeit zur Personalisierung immer häufiger beziehungsweise immer kostengünstiger verfügbar. In den digitalen Medien, bei E-Mails, in Newslettern und Online-Kampagnen ist Personalisierung längst gängiger Standard. Und durch die Entwicklung und Verbreitung des Digitaldrucks setzte sich auch bei gedruckten Werbematerialien der Trend zu personalisierten Werbebotschaften durch. Die Frage lautet also in der Regel nicht mehr, ob Personalisierung generell sinnvoll ist, sondern ob Bildpersonalisierung im Kontext personalisierter Werbung (ökonomisch) sinnvoll ist. Da – wie in diesem Buch gezeigt wird – der Aufwand für eine typische Bildpersonalisierung allerdings vergleichsweise gering ist, ist aber auch hier die Antwort offensichtlich.

Bildpersonalisierung lässt sich letztlich schlicht als eine – optimal geeignete – grafische Gestaltungsform im Kontext personalisierter Kommunikation betrachten. Die Entscheidung zum Einsatz von Bildpersonalisierung sollte daher heutzutage primär eine gestalterische und nicht eine ökonomische oder gar eine technische sein. Dabei gilt es zweierlei zu berücksichtigen: Einerseits

sind die meisten Zielgruppen inzwischen an personalisierte Kommunikation gewöhnt. Es überrascht niemanden mehr, wenn er in einem Massenmailing mit seinem Namen angesprochen wird. Um daher eine erhöhte Aufmerksamkeit zu erzielen, ist mehr als die reine Personalisierung notwendig. Hierzu können personalisierte Bilder beitragen. Andererseits ist aber auch ein personalisiertes Foto an sich nicht mehr vollkommen außergewöhnlich. Mit einer 08/15-Geburtstagstorte, die den Namen des Empfängers trägt, lassen sich kaum allzu große Überraschungseffekte erzielen. Ein bisschen mehr Kreativität darf es schon sein!

Der Personalisierung sollte außerdem stets ein Gesamtkonzept zugrunde liegen, das sich auch in der Gestaltung widerspiegelt. Will man jedoch personalisierte Bilder in ein Gesamtkonzept einfügen, wird man nur in Ausnahmefällen vorgefertigte Personalisierungsmotive verwenden wollen. Kreatives Gestalten wird schließlich gerade auch dadurch ermöglicht, dass man eigene Bilder, Produkte und Motive verwenden und diese nach seinen eigenen Vorstellungen personalisieren kann. Dass und wie dies mit Adobe Photoshop problemlos möglich ist, wird in den folgenden Kapiteln ausführlich gezeigt.

Die Bilder in diesem Buch sind allerdings bewusst so gewählt, dass die Personalisierung als solche im Vordergrund steht. Dies ist für den Einsatz von

Bildpersonalisierung in einem Marketingkontext meist nicht ideal. Dort erzielt eine subtilere Platzierung der Personalisierung in einer Bildkomposition häufig eine stärkere Wirkung. Die im Buch verwendeten Bilder sind durchweg mit dem VaDiP-Skript personalisiert worden; sie sind jedoch hinsichtlich der Bildkomposition meistens nicht im Detail ausgearbeitet. Zudem wird in realen Kampagnen typischerweise ein Fotograf für die Aufnahme der Grundmotive engagiert. Insofern verstehen sich die Bilder explizit nicht als Beispiele für den praktischen Einsatz, sondern nur als Illustrationen zur Erläuterung des Textes; hierzu sind bei den Bildern die jeweils wichtigsten aktiven VaDiP-Steuerbefehle angegeben. Diese können in der Kurzreferenz im Anhang oder in Kapitel 6 nachgeschlagen werden. Durch Icons wird dabei gekennzeichnet, ob der Text einer Textebene ausgetauscht wird (**T**), ob die Ebene durch eine neue Ebene oder Ebenengruppe mit Bildbuchstaben ersetzt wird (**B**) oder ob die Ebene nur ein- beziehungsweise ausgeblendet wird (**⇓**).

1.3 Aufbau des Buches

Das Buch gibt in kompakter Form einen Überblick zu den Möglichkeiten der Bildpersonalisierung mit Adobe Photoshop. Der erste Teil beleuchtet allgemeine Aspekte der Bildpersonalisierung, die unabhängig von der eingesetzten Softwarelösung gelten. In Kapitel 2 werden allgemeine Aspekte der Motivauswahl behandelt, die die Basis für eine überzeugende Bildpersonalisierung darstellt. Kapitel 3 behandelt die Auswahl von Zeichensätzen und geht dabei auf die Möglichkeiten zufälliger Parametervariationen ein. Kapitel 4 zeigt exemplarisch einige Aspekte der Erstellung von Personalisierungstemplates in Adobe Photoshop. Der grundlegende Umgang mit Photoshop wird dabei als bekannt vorausgesetzt.

Im zweiten Teil des Buches wird die Personalisierung mit Hilfe des von den Autoren entwickelten Skripts VaDiP (Variable Daten in Photoshop) behandelt[3]. Kapitel 5 gibt zunächst einen Überblick über die Arbeit mit dem Skript, bevor in Kapitel 6 die unterschiedlichen Steuerbefehle im Detail erläutert werden. Kapitel 7 behandelt schließlich den Aufbau und die Erstellung von Bildfonts und die Erzeugung von Fonts aus Bildbausteinen.

Im Anhang werden die Steuerbefehle, die das im Buch behandelte Skript verwendet, als Kurzreferenz aufgeführt.

---

[3] Es gibt auch andere Softwarelösungen zur Bildpersonalisierung, von denen einige ebenfalls Adobe Photoshop verwenden. Im vorliegenden Buch wird gleichwohl nur auf VaDiP eingegangen.

Bildkonzepte und Motive

Die Möglichkeiten, Bilder in Adobe Photoshop zu manipulieren und zu verfremden, sind nahezu unbegrenzt. Der Anwender kann Bilder fotorealistisch bearbeiten, Fotos künstlerisch verfremden oder künstlerische Grafiken erstellen. Wofür er sich entscheidet, bleibt der Kreativität des Anwenders überlassen. Allerdings ist eben nicht jeder missglückte Versuch einer fotorealistischen Bildpersonalisierung ein reizvoll künstlerisch verfremdetes Foto. Und eine plumpe Grafik gewinnt selten dadurch, dass man sie in ein Foto einbettet.

Bei den meisten Fällen schlecht gemachter Bildpersonalisierung handelt es sich um Bilder, bei denen der gewünschte Text einfach irgendwie in das Bild geklatscht wird, die aber weder eine realistische Anmutung erreichen noch auf einem überzeugenden, ästhetisch ansprechenden Gestaltungskonzept basieren. Die weitaus häufigste Ursache hierfür ist eine unüberlegte Motivwahl.

2.1 Motivauswahl für fotorealistische Bildpersonalisierung

Fotorealistische Bildpersonalisierung setzt die Wahl eines Motivs voraus, in dem Schrift real vorkommen könnte. Dabei ist klar, dass einzelne Buchstaben zwar vereinzelt als zufällige Form auch ohne menschliches Zutun entstehen können. Beispielsweise kann eine Wolke in der Natur durchaus die Form eines Buchstabens annehmen. Es wirkt aber sehr schnell unrealistisch, wenn man aus solchen Formen ein Wort oder einen Satz baut: Wird ein ganzer Name aus Wolken in ein Bild gesetzt, ist dies keine fotorealistische Bildpersonalisierung mehr. Als Faustregel kann man daher formulieren, dass Motive für realistische Bildpersonalisierung meist in irgendeiner Form ein Ergebnis menschlichen Handelns darstellen.

2.1.1 Zeichensatzbasierte (Vektor-)Schrift

Im Alltag – und dementsprechend auch bei der Auswahl von Bildmotiven – ist Schrift meistens in irgendeiner Form technisch erstellt, beispielsweise als (Auf-)Druck, als LED- oder Bildschirmanzeige, als Aufnäher oder als Aufkleber. Diese Schriften sind üblicherweise zeichensatzbasiert; die Buchstabenabstände und -positionen folgen dabei den Standardvorgaben des Zeichensatzes. Eine Bildpersonalisierung wird daher meist ebenfalls auf Basis eines Zeichensatzes erfolgen. Und auch wenn dies technisch ein vergleichsweise einfaches Vorgehen ist, führt es oft zu sehr realistisch wirkenden Personalisierungen. Ein wichtiger Aspekt, der sich sehr deutlich auf den gestalterischen Gesamt-

Negativbeispiele

Die folgenden Bilder basieren auf realen Beispielen. Zur Vermeidung von urheberrechtlichen Diskussionen wurden sie jedoch von den Autoren sinngemäß nachgebaut. Die realen Beispiele waren dabei oft in noch extremerem Maße verunglückt.

Wolkenschrift ist häufig anzutreffen und meist grauenhaft umgesetzt. Selten passen die Wolkenformen der Schrift zu den Wolken des Hintergrundbildes.

Viele Personalisierungen scheitern an der perspektivischen Darstellung der Schrift, da oft die Perspektive des Hintergrundbildes nicht korrekt erkannt wird.

Schrift aus Bausteinen kann nicht beliebig skaliert werden. Dies gilt insbesondere dann, wenn die Bausteinelemente auch außerhalb der Schrift im Bild vorkommen.

Selbst halbwegs realistische Personalisierungen können konzeptionell unsinnig sein: Welcher Empfänger wird sich schon gerne als Schaf sehen wollen?

Selbst in Kampagnen großer Konzerne finden sich Bildpersonalisierungen, bei denen der Text vollkommen plump mit einem Standardzeichensatz wie beispielsweise Arial in das Bild geklatscht wird.

Zwar lässt sich ein Text in Photoshop in so ziemlich jeden Hintergrund retuschieren, aber nicht jedes Motiv ergibt eine sinnvolle Bildpersonalisierung.

`T name_6_7#prefix:CASA DE #action:perspektive#`

aufwand auswirken kann, ist die Frage, ob neben den zu personalisierenden Texten auch andere (fotografierte) Schrift im Bild vorhanden ist, die das Aussehen der personalisierten Texte exakt vorgibt. Kennt man den der fotografierten Schrift zugrundeliegenden Zeichensatz, lassen sich die automatisch erzeugten Texte meist sehr realitätsgetreu in das Bild einfügen. Allerdings ist es fast immer deutlich effizienter, die fotografierte Schrift komplett aus dem Bild zu retuschieren und sie dann gegebenenfalls als statische Texte in Photoshop zu setzen. Dadurch werden einerseits Abweichungen zu den automatisch erzeugten Texten vermieden, andererseits bleibt die Möglichkeit bestehen, einen Zeichensatz auszuwählen.

Eine weitere Motivgruppe bilden solche, bei denen die Schrift in irgendeiner Form manuell erstellt ist und es sich sozusagen um Handschrift im weitesten Sinne handelt. Damit ist die Kritzelei im Schnee oder auf der beschlagenen Scheibe ebenso gemeint wie der antike, in Stein gemeißelte Text, das Graffiti an der Mauer oder eben die normale Handschrift auf Papier. Diese Schriftbilder kann man in der Regel durch die Verwendung eines geeigneten Zeichensatzes imitieren, wobei einige Parameter wie beispielsweise die Schriftgröße, die Zeichenausrichtung und -skalierung für die einzelnen Glyphen in einem gewissen Umfang variiert werden, um eine natürlichere Anmutung zu erreichen. Dies wird im nächsten Kapitel ausführlich dargestellt.

B name_1_15#prefix:€#suffix:€#f:Glyphen.psd#fa:zentriert

2.1.2 Schriften aus Bildbausteinen und aus Bildglyphen

Buchstaben können als Bildglyphen durch Bilder dargestellt werden, die jeweils einen vollständigen Buchstaben abbilden. Häufig werden Glyphen aber auch aus Bausteinen zusammengesetzt, beispielsweise als Mosaik oder LED-Schrift, als Streusel-Verzierung auf einem Kuchen oder als aus Blütenblättern gelegte Buchstaben. In all diesen Fällen entstehen die Glyphen aus der Anordnung vieler kleiner Bausteine. Um ein derartiges Schriftkonzept in der Bildpersonalisierung einzusetzen, sind zwei Aspekte zu berücksichtigen. Sowohl der Aufbau der einzelnen Glyphen aus den Bildbausteinen als auch die Kombination der Glyphen zu einem Wort oder Text müssen definiert werden. Motive mit Glyphen aus Bildbausteinen erscheinen in der technischen Umsetzung auf den ersten Blick aufwändiger als Motive, die auf Bildglyphen basieren, bei denen jedes Bild einen ganzen Buchstaben darstellt. In der Praxis und bei der Motivauswahl sind jene jedoch deutlich einfacher zu handhaben: Bildbausteine (also beispielsweise Kieselsteine, Blütenblätter, Kuchenstreusel oder ähnliches) lassen sich nicht nur deutlich einfacher finden oder erstellen als Bildglyphen. Man benötigt insgesamt auch deutlich weniger Bilder; meist reicht schon eine einstellige Anzahl Bausteine aus. Beim Einsatz von Bildglyphen ist hingegen typischerweise pro Glyphe mindestens ein Foto zu erstellen.

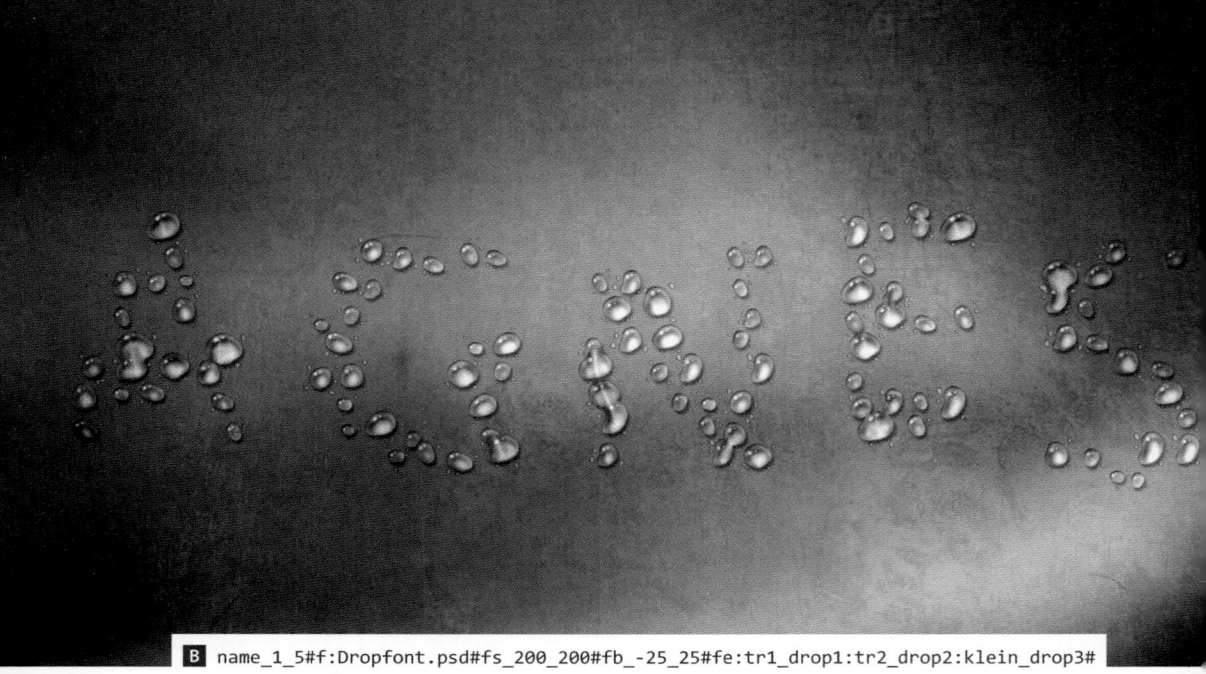

B name_1_5#f:Dropfont.psd#fs_200_200#fb_-25_25#fe:tr1_drop1:tr2_drop2:klein_drop3#

Will man also einen vollständigen Zeichensatz mit Bildglyphen für ein Alphabet mit Groß- und Kleinbuchstaben, mit Umlauten und mit einigen Glyphenvarianten erstellen, benötigt man hierzu etwa 60 bis 100 Fotos.

Mit Motiven, bei denen die einzelnen Buchstaben in der Realität aus plastischen Objekten bestehen, können sehr ansprechende Bildpersonalisierungen gestaltet werden. Beispiele für solche Motive sind Bleisatzbuchstaben, Gebäck in Buchstabenform oder Buchstaben, die in irgendeiner Form durch Menschen dargestellt werden.

Der Aufwand für die technische Umsetzung ist aber vergleichsweise hoch; zu der reinen Anzahl der benötigten Fotos kommt hinzu, dass man bei der Aufnahme eine einheitliche Perspektive und Beleuchtung wählen muss, um anschließend eine Kombination der Bildglyphen zu einem Wort realistisch umsetzen zu können. Auch das Gesamtmotiv, in das die personalisierten Texte eingefügt werden, muss in Bezug auf Perspektive und Beleuchtung zu den Bildglyphen passen. Dem höchsten technischen Aufwand steht damit die geringste Flexibilität in der Verwendung gegenüber. Daher sind derartige Motive in einer fotorealistischen Ausprägung Projekten mit hinreichend großen Budgets vorbehalten.

2.2 Unmögliche Bilder

Auch fotorealistische Bildpersonalisierungen erwecken meist gerade durch die Verunsicherung Aufmerksamkeit, die die Erweiterung beziehungsweise Manipulation von Realität beim Betrachter hervorruft. Gut gemachte Grenzüberschreitungen können daher diese auf Dissonanz beruhende Wirkung von Bildpersonalisierungen unterstützen. Andererseits wirken plumpe, offensichtlich unrealistische Bildpersonalisierungen sehr schnell kitschig; ob diesen eine gesteigerte Aufmerksamkeit zuteil wird, ist fraglich, zumal die Betrachter Personalisierung als solche meist gewohnt sein werden: Mit dem 08/15-Wolkenbild wird man heute bei anspruchsvollen Zielgruppen kaum mehr punkten können. Die klare Empfehlung lautet daher, erst dann die Grenzen fotorealistischer Bildpersonalisierungen zu überschreiten, wenn man diese sicher beherrscht.

2.3 Techniken für künstlerische Gestaltung

Bei der künstlerischen Gestaltung steht meist der Wunsch nach einem möglichst großen Gestaltungsspielraum im Vordergrund. Für reine Vektorgrafiken und vektorbasierte Schrift stehen zudem andere Grafikprogramme zur Verfügung, die auch für Individualisierungsaufgaben effizient genutzt werden können. Beispielsweise bietet Adobe Illustrator durch die Unterstützung von Variablen und die SVG-Schnittstelle zahlreiche Individualisierungsmöglichkeiten.

Beim künstlerischen Umgang mit Personalisierung ist nicht immer ein fotografisches Motiv als Grundlage erforderlich; Bildglyphen lassen sich auch als Grafiken erstellen und müssen nicht unbedingt fotografiert werden. Daher verschieben sich die Gewichte im Vergleich zur Arbeit mit fotorealistischen Motiven deutlich.

Bildglyphen und Schriften aus Bildbausteinen bieten ein weites Gestaltungsfeld. Wenn es nicht um fotorealistische Bilder geht, können einmal erstellte Zeichensätze deutlich flexibler eingesetzt werden, da man Probleme mit Perspektive und Beleuchtung vermeiden kann. Dem Grafiker sind hierbei kaum Grenzen gesetzt. Dabei reicht die Palette der Möglichkeiten von aufwändigen Grafiken, die personalisierte Bausteine enthalten, über den Entwurf von grafischen Mustern und „Zeichensätzen", deren Zeichenvorrat nichts mehr mit Schrift oder Buchstaben zu tun hat, bis hin zu rein typografischen Gestaltun-

B name_2_8#limh_130_245#f:Steinfont.psd#fa:rechts#

gen, bei denen beispielsweise Überschriften oder Schlagworte in einer besonderen Form umgesetzt werden.

Gerade auch für typografische Anwendungen sind pixelbasierte Bildglyphen ein reizvolles Feld. Wer sich hierfür interessiert, dem sei ein Blick auf Zapfino Ink empfohlen, einer von Herrmann Zapf 2001 entworfenen Schrift mit Bildglyphen im sogenannten Photofont-Format. Da sich jedoch das Photofont-Format nicht durchsetzen konnte, verschwand leider auch Zapfino Ink, bevor sie überhaupt ernsthaft zum Einsatz kommen konnte.

Das Erstellen von graphischen Zeichensätzen aus Bildbausteinen öffnet darüber hinaus ein weites Feld für einen neuen, kreativen Umgang mit Typographie, der auch jenseits der expliziten Bildpersonalisierung zum Einsatz kommen kann.

Schrift

Bildpersonalisierung bedeutet in den meisten Fällen das Einfügen von Schrift in ein Bild. Denn auch wenn sich beispielsweise mit Geokodierung oder geschlechtsspezifischen Unterscheidungen interessante Kampagnen gestalten lassen, sind Namen doch das häufigste Mittel zur Personalisierung.

Das Einfügen von Schrift lässt sich konzeptionell dabei auf drei Stufen betrachten: Auf der Ebene der Glyphen, auf der Ebene des Schriftzuges und auf der Ebene des gesamten Bildes.

3.1 Glyphen und Zeichensätze

Für die Darstellung von Schrift können entweder ein vorhandener (vektorbasierter) Zeichensatz ausgewählt oder ein eigener (pixelbasierter) Zeichensatz erstellt werden[1]. Die Verwendung vorhandener Zeichensätze ist dabei sehr effizient. Da man das Aussehen der Glyphen in Photoshop in vielfältiger Form

---

[1] Einerseits lassen sich zwar auch vektorbasierte Zeichensätze anpassen oder selbst erstellen. Dies geschieht jedoch für Bildpersonalisierung seltener, da hier – wenn denn schon ein individueller Zeichensatz erstellt wird – dies auf Basis von Fotos oder anderen Pixelbildern erfolgen wird. Andererseits könnte man natürlich auch auf vorhandene pixelbasierte Zeichensätze zurückgreifen. Allerdings gibt es hier nur eine sehr überschaubare Auswahl, so dass auch dies eher die Ausnahme sein wird.

manipulieren kann, lassen sich bereits mit vektorbasierten Zeichensätzen sehr ansprechende Ergebnisse erzielen.

Die Auswahl eines entsprechenden Zeichensatzes trägt dabei viel zum Gelingen einer überzeugenden Bildkomposition bei. Es gibt eine Fülle sowohl kommerzieller als auch kostenlos verfügbarer Zeichensätze. So unterschiedlich die Bildideen auch sein mögen – egal ob Graffiti, Tattoo oder Handschrift, ob in einen Baum geritzter Text, ob krakelige Kinderschrift oder LED-Anzeige: fast immer lässt sich mit überschaubarem Aufwand eine geeignete Schrift finden. Bei der Auswahl eines Zeichensatzes gilt es jedoch, einige Punkte zu berücksichtigen:

Zeichenvorrat: Gerade bei ausgefalleneren Zeichensätzen wird oft nur ein begrenzter Zeichenvorrat unterstützt. Es ist daher zunächst zu klären, welche Zeichen in den Datenfeldern für die Personalisierung vorkommen können. Werden Ziffern, Umlaute, Akzente, Sonderzeichen anderer Sprachen oder ganze, nicht-lateinische Alphabete benötigt, reduziert dies die Auswahl der in Frage kommenden Zeichensätze mitunter drastisch. Außerdem ist zu beachten, dass einige Zeichensätze nur Großbuchstaben enthalten[2]. Trotzdem kann

---

2 In seltenen Fällen kann es auch vorkommen, dass ein Zeichensatz nur Kleinbuchstaben unterstützt.

es sich lohnen, die Suche nicht nur auf gut ausgebaute, kommerzielle Schriften zu beschränken, da sich für bestimmte Bildideen möglicherweise gerade ausgefallene, exotische Schriften besonders eignen. Sind in einem Zeichensatz nicht alle benötigten Zeichen vorhanden, werden die fehlenden Zeichen meist durch Leerstellen oder Platzhalterzeichen angezeigt.

Will man eine solche Schrift dennoch verwenden, müssen entweder die Daten angepasst werden – indem beispielsweise Umlaute durch ae, oe und ue ersetzt werden – oder der Zeichensatz muss mit Hilfe eines Fonteditors um die fehlenden Glyphen ergänzt werden. Allerdings können sich hierbei lizenz- und urheberrechtliche Probleme ergeben.

Kerningtabelle: Ein wesentliches Qualitätsmerkmal guter Zeichensätze ist eine ausgewogene, vollständige Kerningtabelle, die die Standardabstände zwischen den einzelnen Buchstabenkombinationen festlegt. Soll der personalisierte Text mit normalen Abständen automatisch gesetzt werden, ist ein gutes Kerning entscheidend; gerade bei den meist nur aus einem Namen oder aus wenigen Worten bestehenden Personalisierungstexten wird ein unausgewogener Buchstabenabstand sehr schnell als störend empfunden. Beabsichtigt man jedoch ohnehin die Verwendung von variablen, unregelmäßigen Abständen, spielt die Kerningtabelle praktisch keine Rolle. Daher können für

Bildpersonalisierungen häufig auch weniger ausgefeilte Zeichensätze eingesetzt werden.

Schriftmaße: Beim Anlegen eines Templates für die Bildpersonalisierung sind die Schriftmaße, insbesondere die Schrifthöhe, zu berücksichtigen. Dies hört sich zunächst trivial an. Häufig werden jedoch die Extreme nicht berücksichtigt. Beispielsweise stehen bei Versalien diakritische Zeichen wie Tremata oft oberhalb der Oberlänge; bei Schreibschriften erlebt man immer wieder Überraschungen bei den Unterlängen einzelner Buchstaben. Bei der Gestaltung eines Personalisierungstemplates ist daher der Blick in die Glyphentabelle unerlässlich.

Strichstärken und Serifen: Bereits bei der Auswahl der Schrift müssen die im Photoshop-Template verwendeten Effekte bedacht werden. Einige, wie beispielsweise abgeflachte Kante und Relief, benötigen eine gewisse Strichstärke, um zur Geltung zu kommen. Allzu filigrane Schriften schränken daher den Einsatz von Effekten deutlich ein.

Lesbarkeit: Je stärker ein Schriftzug innerhalb einer Bildkomposition perspektivisch verzerrt oder verfremdet wird, desto deutlicher sollten die Glyphen des zugrundeliegenden Zeichensatzes sein. Zwar kann es durchaus beabsichtigt sein, dass eine Personalisierung erst auf den zweiten Blick erkennbar ist, aber der Aufwand einer Bildpersonalisierung ist nur gerechtfertigt, wenn die Schrift am Ende noch lesbar ist. Andernfalls kann man gleich ein fixes grafisches Element verwenden.

Die Erstellung eigener, pixelbasierter Zeichensätze wird in Kapitel 7 ausführlich dargestellt.

3.2 Schriftzüge

Sollen Druckschriften oder andere maschinell erzeugte Schriftzüge dargestellt werden, muss man sich um die Kombination der Glyphen zum Schriftzug in der Regel keine großen Gedanken machen, da dies automatisch geschieht. Die normalen Buchstabenabstände sind bereits durch die Kerningtabelle des Zeichensatzes festgelegt und werden nur in Ausnahmefällen durch manuelle Änderungen von Laufweite oder Kerning ergänzt.

Sollen jedoch Handschriften, andere manuell erzeugte oder durch die Natur beeinflusste Schriften dargestellt werden, ist die Art und Weise, wie die Gly-

Zufälligkeit

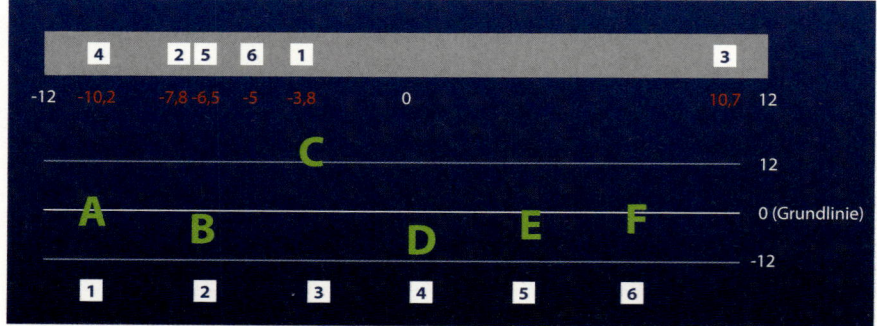

Eine rein zufällige Auswahl der Parameter (hier: Grundlinienversatz) aus einem gewählten Wertebereich (grauer Balken) führt oft zu unharmonischen Ergebnissen.

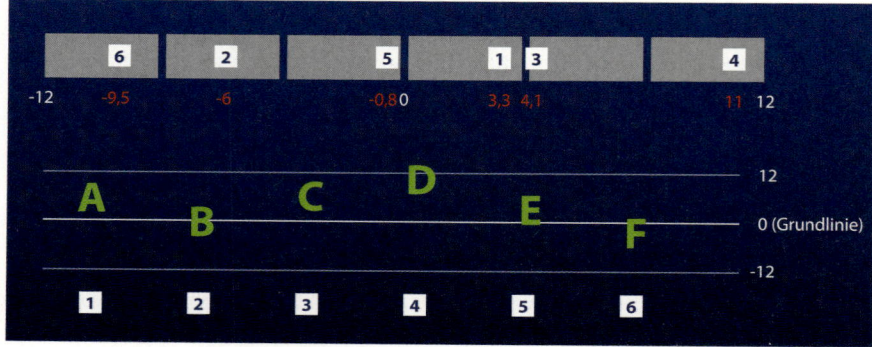

Wird der gewählte Wertebereich für die zufällige Auswahl in einzelne Abschnitte unterteilt, ergibt sich ein harmonischeres Schriftbild.

Soll Schrift gespiegelt werden, müssen für alle Vorkommen der Schrift die gleichen zufälligen Parameterwerte verwendet werden.

phen zu einem Schriftzug kombiniert werden, von entscheidender Bedeutung für die realistische Wirkung des fertigen Bildes.

Allgemein formuliert geht es dabei darum, eine gewisse – gleichsam natürliche – Unregelmäßigkeit anzuwenden und einen oder mehrere Parameter der einzelnen Glyphen zu variieren. Der naheliegende Ansatz, die Parameterwerte einfach zufällig zu verändern, führt allerdings meist nicht zum gewünschten Ergebnis, da viele der möglichen Zufallskombinationen unharmonisch wirkende Schriftzüge ergeben.

Als hilfreich hat sich vielmehr ein Ansatz herausgestellt, den man strukturierte Zufälligkeit nennen könnte. Hierbei wird der Wertebereich, in dem ein Parameter zufällig variieren soll, in gleichgroße Abschnitte unterteilt. Aus jedem dieser Abschnitte wird dann ein Wert zufällig ausgewählt. Dies führt tendenziell zu einer gleichmäßigeren Verteilung der erzeugten Parameterwerte, bei der auch der gesamte Wertebereich abgedeckt wird. Die Anzahl der Abschnitte, in die hierbei der Wertebereich unterteilt wird, bestimmt damit zugleich auch die Anzahl der unterschiedlichen Parameterwerte.

Bei längeren Schriftzügen wird man sich dabei in der Regel meist dafür entscheiden, weniger Abschnitte zu verwenden, als der Text Buchstaben hat, ob die aus den Abschnitten gewählten Parameterwerte den Buchstaben unregelmäßig zugeordnet werden, oder ob sie zyklisch wiederholt werden und damit eine Art von Muster erzeugen.

Für das Einbetten eines Schriftzuges in ein Bild werden häufig mehrere Kopien eines Schriftzuges benötigt. Ein typischer Fall sind beispielsweise Spiegelungen. Hierbei ist es notwendig, dass für alle Vorkommen des Schriftzuges die gleichen Parameterwerte verwendet werden. Andererseits gibt es auch Bilder, in denen man einen Text mehrfach, aber unabhängig voneinander verwenden möchte. Dementsprechend sollten in diesem Fall dann die Parameterwerte für die einzelnen Schriftzüge voneinander unabhängig ausgewählt werden.

3.3 Schrift in Bilder integrieren

Zum Integrieren eines Schriftzuges in ein Bild kommen in Photoshop an unterschiedlichen Stellen des Automatisierungsprozesses verschiedene Techniken zum Einsatz:

- Vor der Generierung personalisierter Schriftzüge können Einstellungen und Effekte im Template definiert werden.
- Bei der Erzeugung personalisierter Schriftzüge können Bedingungen ausgewertet und Anpassungen vorgenommen werden.
- Nach dem Erstellen der personalisierten Elemente können Aktionen in Photoshop aufgerufen werden.

Für die im Template vorab definierten Effekte und für die nachträglich auszuführenden Aktionen steht im Prinzip fast der gesamte Funktionsumfang von Photoshop zur Verfügung. Letztlich ist es genau dies, warum eine in Photoshop erzeugte Bildpersonalisierung gegenüber anderen Lösungen meist deutlich professioneller wirkt.

Im nächsten Kapitel sind einige Anregungen zusammengestellt, wie man typische Aufgabenstellungen bei der Bildpersonalisierung mit Photoshop-Funktionen löst. Gleichwohl kann und will dieses Buch eine vollständige Einführung in Photoshop nicht ersetzen. Vielmehr sei an dieser Stelle nochmals nachdrücklich betont, dass eine gelungene Bildpersonalisierung vor allem auf einer kreativen Leistung beruht. Beim Einsatz von Bildpersonalisierungen im Rahmen professioneller Kampagnen sollten daher stets auch erfahrene „Creative Professionals" beteiligt sein.

Anpassungen bei der Automatisierung, die den personalisierten Schriftzug als Ganzes betreffen, zielen vor allem auf den Umgang mit unterschiedlichen Textlängen. Um einen Schriftzug in ein bestimmtes grafisches Element einzupassen, kann dieser auf eine vorgegebene Höhe oder Breite skaliert werden. Dabei wird der tatsächlich anzuwendende Skalierungsfaktor in Abhängigkeit von der Länge des erzeugten Schriftzuges so gewählt, dass sich die gewünschten Endmaße ergeben. Allerdings wird man in der Praxis damit nur kleinere Abweichungen in der Textlänge kompensieren können. Will man „Max" und „Johann-Wolfgang" auf die gleiche Breite skalieren, wird höchstwahrscheinlich die Schriftgröße beim einen zu groß oder beim anderen zu klein werden.

Ohnehin ist einer der häufigsten Fehler bei der Konzeption von Bildpersonalisierungen, dass extreme Textlängen nicht berücksichtigt werden. Wer seine Templates nur für „Max Mustermann" gestaltet, wird hinterher mit „Sabine Leutheusser-Schnarrenberger" meist ein Problem haben.

Meist sind daher Fallunterscheidungen erforderlich: Je nach Länge des tatsächlich zu personalisierenden Textes wird eine bestimmte Darstellung gewählt. In Photoshop lässt sich dies dadurch realisieren, dass verschiedene Ebenen anlegt und bei der Automatisierung in Abhängigkeit von der Textlänge ein- oder ausgeblendet werden. Meist reicht es dabei aus, die möglichen

Textlängen in vier oder fünf Bereiche einzuteilen und für diese entsprechende Gestaltungsvarianten zu definieren; nur in Ausnahmefällen wird für jede Buchstabenzahl eine eigene Ebene benötigt.

Mit der Technik des fallweisen Ein- und Ausblendens von Ebenen können auch unabhängig von der Textlänge Fallunterscheidungen getroffen werden. Auf diese Art lassen sich beispielsweise geschlechtsspezifische Varianten einfach umsetzen. Dabei kann es auch hilfreich sein, die Sichtbarkeit von Anpassungsebenen oder anderen Ebenen zu steuern, die überhaupt keinen Text enthalten.

Vor allem in Fällen, in denen der Schriftzug auf verschiedene grafische Objekte verteilt werden soll, kann man einen Schriftzug auch abschnittsweise in ein Bild integrieren. Allerdings ist hierbei sicherzustellen, dass die Gestaltung auch für alle zulässigen Textlängen passt. Ein Bild mit zehn Fingernägeln, auf die je ein Buchstabe geschrieben werden soll, ist weder für „Max" noch für „Johann-Wolfgang" geeignet.

Sind in einem Bild mehrere personalisierte Texte vorhanden, kann es in Ausnahmefällen – beispielsweise wenn mehrere Bilder aus einer Serie nebeneinander gezeigt werden sollen – sinnvoll sein, die Parameter der einzelnen Schriftzüge (als Ganze) zufällig zu variieren. Auch bei Bildern, die mehrere Schriftzüge enthalten, können die einzelnen Schriftzüge zufällig verändert werden. Da aber die Anzahl der Schriftzüge in der Regel bereits bei der Erstellung des Templates bekannt ist, ist es meist besser, die Gestaltung vorab explizit festzulegen.

Personalisierungs-templates erstellen

Zur Bildpersonalisierung in Adobe Photoshop wird als Basis typischerweise eine Photoshopdatei verwendet, die das der Personalisierung zugrundeliegende Bild enthält und die als Template für die Erzeugung der personalisierten Bilder dient. Je nach eingesetzter Personalisierungssoftware werden darüber hinaus möglicherweise zusätzliche Informationen in dieser Datei gespeichert.[1]

Die überlegene Leistungsfähigkeit einer auf Photoshop basierenden Bildpersonalisierung liegt gerade darin begründet, dass für das Template der volle Funktionsumfang von Photoshop genutzt werden kann. Bei den in diesem Kapitel dargestellten Techniken handelt es sich daher um eine exemplarische Auswahl allgemeiner Photoshop-Funktionen, die hier lediglich an konkreten Beispielen aus der Bildpersonalisierung gezeigt werden. Das Kapitel soll so einerseits Anregungen für die praktische Umsetzung geben und andererseits verdeutlichen, dass die Qualität von Bildpersonalisierungskampagnen nicht zuletzt dadurch beeinflusst wird, dass an der Umsetzung kompetente Photoshop-Anwender beteiligt werden.

Im Folgenden werden Beispiele gezeigt für Textbearbeitung in Photoshop, für die Verwendung von Ebenenmasken, -effekten und -modi, sowie für den Einsatz von Filtern und Aktionen. Formal gehören Aktionen dabei in eine eigene Kategorie, da sie typischerweise zwar beim Anlegen des Templates geplant, aber erst nach der Personalisierung für das jeweilige personalisierte Bild ausgeführt werden. Da sie jedoch Teil der normalen Photoshopfunktionalität sind und die Gestaltungsmöglichkeiten im Zusammenspiel mit dem Personalisierungstemplate erheblich erweitern, werden sie ebenfalls in diesem Kapitel behandelt.

4.1 Textbearbeitung

Photoshopdateien sind in Ebenen organisiert. Text wird dabei in einem speziellen Ebenentyp – den Textebenen – gespeichert. Text kann dabei als sogenannter Punkttext in einer einzelnen Zeile, als vertikaler Text oder als Text auf einem Pfad vorkommen; außerdem kann Text als Flächentext in einem

---

1 Die zusätzlichen Steuerbefehle, die das in diesem Buch vorgestellte Skript VaDiP benötigt, werden in den folgenden Kapiteln ausführlich beschrieben.

Text

Punkttext

Flächentext

Beim Einsatz des vertikalen Textwerkzeugs steuert die Laufweite den vertikalen Abstand zwischen den einzelnen Glyphen.

Die Schaltflächen für die Buchstabenart kommen insbesondere dann zum Einsatz, wenn eine Darstellung in Großbuchstaben erzwungen werden soll.

Die Silbentrennung trennt nicht automatisch bei Bindestrichen und führt bei Doppelnamen oft nicht zum gewünschten Ergebnis.

Auch wenn nur eine einzige Textzeile zum Einsatz kommen soll, muss die Absatzausrichtung beachtet werden, da diese festlegt, wie die personalisierten Texte platziert werden.

Textverkrümmung und Text auf Pfad

Der verwendete Pfad wird nach Anwendung des Textwerkzeuges unsichtbar.

Text auf Pfad mit vertikalem Textwerkzeug ohne Textverkrümmung.

Text auf Pfad mit normaler Textausrichtung, zufälligem Grundlinienversatz und Textverkrümmung.

Text auf Pfad mit vertikalem Textwerkzeug und Textverkrümmung horizontal und vertikal.

Verzerrung mit Verkrümmung „Torbogen", abgestimmt auf den Beispielnamen.

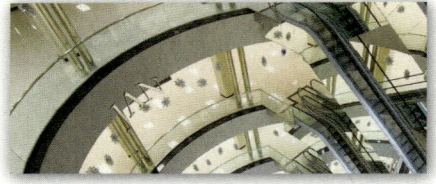

Wird die gleiche Ebene mit einem kurzen Namen verwendet, stimmt die Position nicht mehr.

Text auf Pfad mit Neigungstransformation, aber ohne Textverkrümmung: Hier bleibt die Position erhalten.

Der Verkrümmungseffekt ist abhängig von der Textlänge (hier: Verkrümmung „Torbogen")

Mit Text auf Pfad können Buchstaben eines Textes in einer relativ freien, nicht-linearen Form in einem Bild platziert werden.

Um eine perspektivische Wirkung zu erzielen, bietet sich die Textverkrümmungsfunktion an. Die horizontale und vertikale Verzerrung ist unabhängig von der Art der Verformung – solange nicht Biegung als Verformungsart gewählt wird. Textverkrümmungen wirken sich jedoch je nach Textlänge unterschiedlich aus. Daher müssen für verschiedene Textlängen unterschiedliche Ebenen im Template angelegt werden.

Textverzerrung

Mit Verzerrung und Verkrümmung kann in vielen Fällen die gewünschte Perspektive erreicht werden, ohne die Textebene zu rastern.

Die symmetrische Verkrümmung (Rot) stimmt perspektivisch noch nicht mit dem Fluchtpunkt des Bildes überein (Blau).

Zusätzliche Verzerrung über „frei transformieren", bei der der markierte Anfasserpunkt mit gedrückter Befehls-/Steuerungstaste leicht nach links gezogen wird.

Durch die Kombination passt die Schriftdarstellung zum Fluchtpunkt des Bildes.

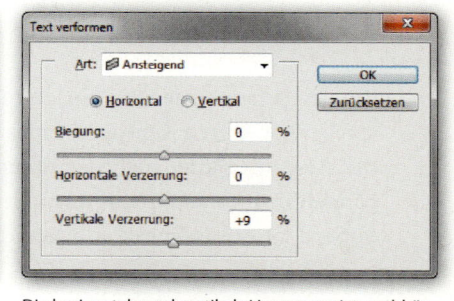

Die horizontale und vertikale Verzerrung ist unabhängig von der Art der Verformung.

Für eine echte perspektivische Verzerrung steht in Photoshop die Frei-Transformieren-Funktion zur Verfügung. Diese lässt sich jedoch – perspektivisch – nicht direkt auf Textebenen anwenden; vielmehr müssen Textebenen zunächst gerastert werden, um frei transformiert werden zu können. Dies kann man im VaDiP-Skript mit einer Aktion realisieren, siehe Seite 76.

In vielen Fällen lässt sich die gewünschte perspektivische Wirkung allerdings auch durch eine Kombination von normalen Transformationen wie Neigung, Skalierung oder Drehung und Textverkrümmung erreichen. Da die normalen Transformationen auch auf Textebenen angewendet werden können, spart man sich so das Rastern der Textebene.

Textrahmen stehen. Bei der Bildpersonalisierung in Photoshop kommt Absatztext nur selten zum Einsatz.[2]

Auch wenn diverse Textattribute bei der Personalisierung dynamisch gesetzt oder zufällig verändert werden können, so bestimmt doch die grundlegende Textformatierung im Personalisierungstemplate die Ausgangsbasis für die Darstellung der Texte. Üblicherweise wird dabei im Template ein Platzhaltertext formatiert, der dann beim Generieren der Ausgabedateien durch die entsprechenden personalisierten Texte ersetzt wird. Dabei ist allerdings zu beachten, dass möglicherweise Attribute gesetzt werden, die sich zwar nicht auf den Platzhaltertext im Template, aber bei bestimmten personalisierten Texten auswirken. Dies ist beispielsweise der Fall, wenn die Verwendung von Ligaturen oder alternativen Glyphen aktiviert wird.

Die abgebildeten Beispiele stellen lediglich eine kleine Auswahl der Möglichkeiten dar, da es für die konkrete Textgestaltung keine generelle Regel gibt: So unterschiedlich die verwendeten Bilder sind, so verschieden sind auch die eingesetzten Gestaltungsmittel, um eine zum jeweiligen Bild passende, realistisch wirkende Textdarstellung zu erzielen. Dabei dürfen und sollten die Funktionen durchaus etwas freier und kreativer angewendet werden, als man dies beim Textsatz beispielsweise in Adobe InDesign tun würde.

4.2 Masken

Bei der Personalisierung dürfen meist nur bestimmte Teile eines Bildes – beispielsweise durch Einfügen eines Namens – manipuliert werden, während der Rest des Bildes nicht verändert wird. Das Standardhilfsmittel, um Änderungen in Photoshop auf bestimmte Bereiche zu beschränken, sind Masken. Außerdem ermöglichen Masken das nicht-destruktive Ausblenden von Bildbereichen.

Masken werden meist als Pixel- oder seltener auch als Vektormasken angelegt und lassen sich auf Ebenen oder Ebenengruppen anwenden. Da man in einem Personalisierungstemplate häufig mit mehreren (alternativen) Ebenen arbeitet, werden Masken in der Regel auf Ebenengruppen angewendet. Ein weiterer Vorteil der Anwendung von Masken auf Ebenengruppen besteht darin, dass sich so mehrere Masken mit ihren Ebenengruppen ineinander ver-

---

2 Hierzu trägt nicht zuletzt die Tatsache bei, dass die Silbentrennung in Photoshop einige Besonderheiten aufweist und beispielsweise an Bindestrichen nicht bevorzugt getrennt wird.

Ebenenmasken

Die Lücken im Zaun und die durch Blätter verdeckten Bereiche werden maskiert. Da die Maske der Ebenengruppe zugewiesen wurde, wirkt sie auf alle in der Gruppe enthaltenen Textebenen. Für verschiedene Textlängen wurden Ebenen mit jeweils passenden Schriftgrößen und Positionen definiert.

Die sorgfältige Erstellung der Maske ist dabei für die authentische Wirkung der Personalisierung entscheidend. Die manuelle Ausarbeitung der Maske stellt dabei den Hauptaufwand beim Anlegen des Personalisierungstemplates dar.

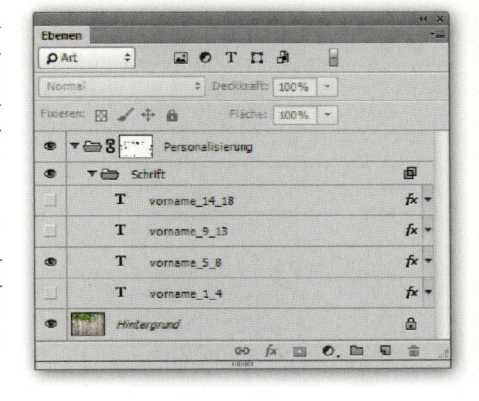

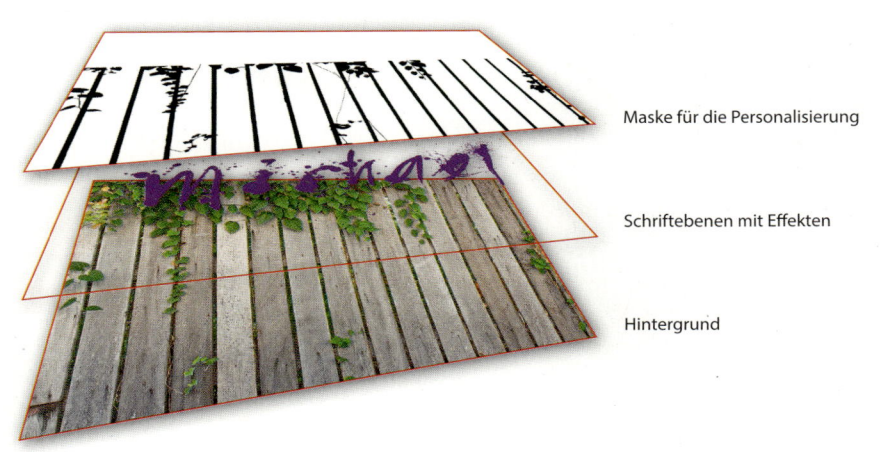

Maske für die Personalisierung

Schriftebenen mit Effekten

Hintergrund

Personalisierungstemplates erstellen

Ebenenmasken

Ein Datenfeld kann gleichzeitig mehreren Textebenen zugewiesen werden. Unter Zuhilfenahme von Masken lassen sich damit Textbrüche sehr einfach umsetzen: Beide Textebenen werden rechtsbündig ausgerichtet und sorgfältig positioniert, so dass sich auf beiden Seiten der Bruchkante ein stimmiges Bild ergibt. Um jeweils den gesamten Schokoriegel zu beschriften, wird der Name in Abhängigkeit von der Textlänge durch unterschiedlich lange Präfixe ergänzt.

Die Maske der äußere Gruppe isoliert beide Teile des Schokoriegels, während die Masken der inneren Gruppen jeweils den abgebrochenen Teil ausblenden.

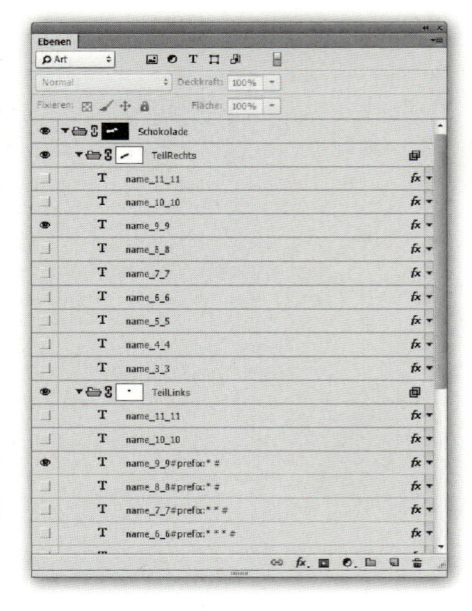

Einstellungsebenen

Einstellungsebenen in Photoshop verbinden die Vorteile der Ebenenlogik mit den vielfältigen Manipulationsmöglichkeiten der Bildkorrekturen: Sie erlauben eine zerstörungsfreie Bildmanipulation und können problemlos in Abhängigkeit vom Inhalt oder der Länge eines Textfeldes dynamisch ein- oder ausgeblendet werden.

Um die Wirkung der Einstellungsebene auf bestimmte Ebenen zu begrenzen, werden diese in einer Ebenengruppe zusammengefasst; der Modus der Ebenengruppe wird dabei auf „Normal" (statt „Hindurchwirken") gesetzt. Dies führt auch dazu, dass die Einstellungsebene auf alle Ebeneneffekte wie beispielsweise „Schein nach außen" wirkt.

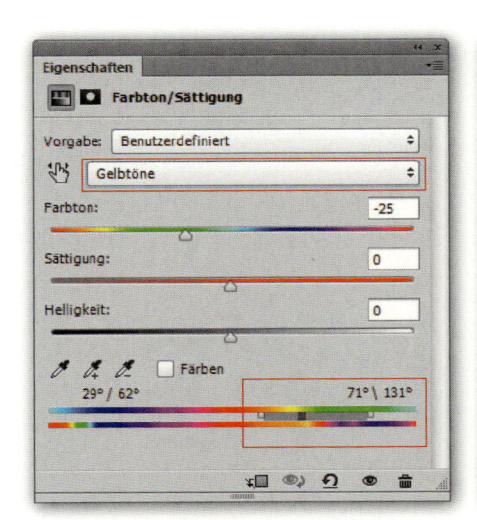

Die Wirkung der Einstellungsebene kann auf bestimmte Farbtöne beschränkt werden, ohne dass hierzu eine Maske erstellt werden müsste. So wird das Holz von den Änderungen nur wenig beeinflusst.

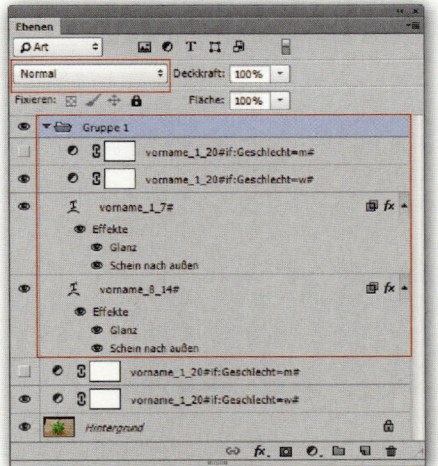

Der Ebenengruppenmodus „Normal" kapselt die Wirkung der Einstellungsebene, so dass sich diese nur auf die Ebenen in der Gruppe und die hierauf angewandten Effekte auswirkt.

Personalisierungstemplates erstellen

Tonwerte ausblenden

Durch das Festlegen eines Tonwertbereichs für das Füllen von Ebenen lassen sich sehr effizient Bildbereiche ausblenden, ohne dass hierzu aufwändig eine Maske erstellt werden muss. Durch den Regler im Ebenenstil-Bedienfeld wird der Tonwertbereich des Hintergrundbildes angegeben, für den der Text auf den darüberliegenden Textebenen ausgeblendet wird. Werden die Regler geteilt, entstehen sanfte Übergänge beim Ausblenden des Textes.

Darüber hinaus eignet sich dieses Verfahren insbesondere dazu, Texte mit einem Hintergrundbild zu verrechnen. Es ist in der Regel der Verwendung von Mischmodi oder Deckkraftanpassungen vorzuziehen.

Die Ergebnisse des tonwertbasierten Ausblendens sind umso besser, je größer die Helligkeitsunterschiede zwischen Text und Hintergrundbild sind.

Durch „Multiplizieren" und herabgesetzte Deckkraft werden die Lichter nicht realistisch erhalten.

Das Ausblenden des Textes in Abhängigkeit vom Tonwert des Hintergrundbildes erhält die Lichter.

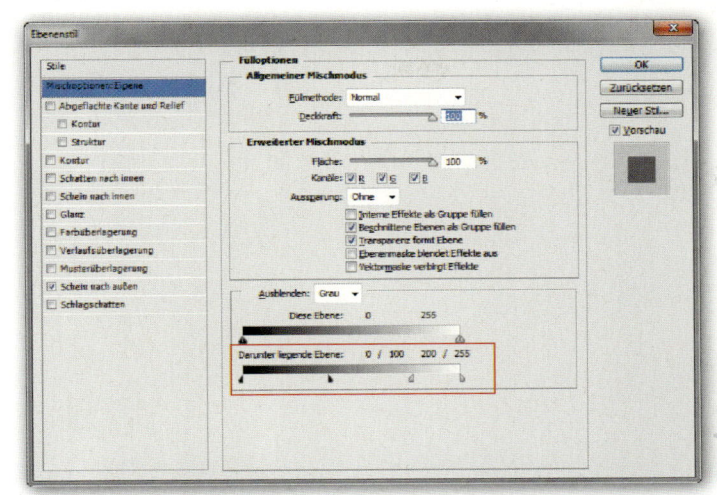

Die Regler im Ebenenstil-Bedienfeld können mit gedrückter Alt-Taste geteilt werden, um sanfte Übergänge zu schaffen.

Der häufig verwendete Mischmodus „Ineinanderkopieren" wirkt hier lasierend und verändert die Farbwirkung der Textfarbe.

Mit dem tonwertabhängigen Ausblenden spart man sich den Einsatz von Masken und Mischmodi. Zudem werden die Farbwerte des Textes nicht verschoben.

Gerade auch bei komplexen Lichtreflexen ist das tonwertabhängige Ausblenden sehr nützlich.

Hier kommt das tonwertabhängige Ausblenden an seine Grenzen, da die Schrift an den beschlagenen Stellen etwas unschärfer erscheinen müsste.

Effekte

Um Schrift eine plastische Wirkung zu verleihen, eignet sich besonders der Effekt „Abgeflachte Kante und Relief". Wichtig ist hierbei jedoch die Berücksichtigung der Lichtverhältnisse des Hintergrundbildes.

Um zu vermeiden, dass die Innenflächen der Buchstaben als strukturlose, glatte Fläche erscheinen, kann dem Effekt in Photoshop mit der Option „Struktur" ein geeignetes Bild zugewiesen werden; die Tonwerte dieses Bildes formen dann die Flächenstruktur.

Will man die Illusion erreichen, dass die Glyphen aus einem bestimmten Material bestünden, sind Musterüberlagerungen eine sehr effektive Methode. Fallstricke hierbei sind, dass das Muster in der richtigen Skalierung verwendet werden muss und dass keine Kachelkanten entstehen dürfen. Zudem muss die Richtung des Musterverlaufs beachtet werden.

Für den gestickten Text wurden Fäden über ein Stück Pappe gewickelt und abfotografiert. Durch den Effekt „Abgeflachte Kanten und Relief" erhalten die gestickten Buchstaben ihre plastische Wirkung. Diese wird durch eine Verlaufsüberlagerung, die die im Hintergrundbild vorhandenen Licht- und Schattenverhältnisse imitiert, weiter verfeinert.

Effekte

Fotos sind selten gestochen scharf. Daher müssen die Kanten einer Vektorschrift meist an die natürliche Unschärfe des Hintergrundbildes angeglichen werden. Dies lässt sich mit dem Effekt „Schein nach außen" erreichen, der in der Schriftfarbe mit voller Deckkraft und geringer Ausdehnung auf die Schrift angewandt wird. Bei Bedarf kann im Ebenenstil-Bedienfeld zusätzlich noch ein leichtes Rauschen hinzugefügt werden.

Um der Schrift hingegen – wie im obigen Beispiel – eine unscharfe Kontur zu geben, werden gleichzeitig die Effekte „Schein nach außen" und „Schein nach innen" in der gewünschten Konturfarbe eingesetzt.

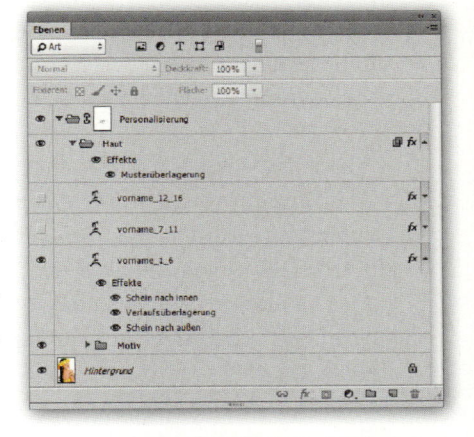

Personalisierungstemplates erstellen

schachteln lassen. Dies ermöglicht insbesondere das modulare Arbeiten mit Teilmasken.

> *Wenngleich sich mit den diversen Auswahltechniken in Photoshop eine erste, grobe Maske erstellen lässt, erfordert die exakte Ausarbeitung einer Maske meist eine sorgfältige, manuelle Nachbearbeitung.*

4.3 Ebenenstile, Stile und Einstellungsebenen

Für die eigentliche Bildbearbeitung in Photoshop sollten nach Möglichkeit Einstellungsebenen, Ebenenstile und benannte Stile eingesetzt werden. Mit diesen können Bildmanipulationen nicht-destruktiv ausgeführt werden. Für den Einsatz in Personalisierungstemplates ist aber ein anderer Aspekt noch wichtiger: Wird ein Ebenenstil oder ein benannter Stil einer Ebene zugewiesen, so gelten diese auch für Inhalte, die später ausgetauscht oder hinzugefügt werden. In einem Personalisierungstemplate kann somit vorab das Aussehen der erst später erfolgenden Personalisierung bestimmt werden. Hierzu gibt es verschiedene Vorgehensweisen:

- Ebenenstile werden direkt einer Ebene oder Ebenengruppe zugewiesen.
- Der Einsatz von Einstellungsebenen bietet die zusätzliche Möglichkeit, Veränderungen durch das Ein- oder Ausblenden der Einstellungsebenen in Abhängigkeit vom Inhalt eines Datenfelds zu steuern.
- Die Definition von benannten Stilen ermöglicht schließlich eine – nachträgliche – zufällige Auswahl des anzuwendenden Stils (siehe hierzu auch Seite 72).

> *Bei der Weitergabe eines Personalisierungstemplates ist darauf zu achten, dass zusätzlich zur Templatedatei auch noch die verwendeten benannten Stile mitgegeben werden müssen. Über das Stile-Bedienfeldmenü können die Stile exportiert werden.*

4.4 Aktionen

Typischerweise ist ein Template lediglich eine Art Dateischablone, in der bei der Personalisierung bestimmte Inhalte ausgetauscht oder in die bestimmte Inhalte eingefügt werden. Durch den Einsatz von Aktionen lassen sich diese Grenzen eines schablonenhaften Ansatzes komplett sprengen. Aktionen gestatten es, die eingefügten Inhalte zu verschieben, zu verzerren, Filter auf sie

Aktionen

`T name_4_5#action:falten#`

Aktionen bieten in Adobe Photoshop die Möglichkeit, komplexe Abläufe zu automatisieren, ohne dass dazu Programmierkenntnisse erforderlich wären. Eine neue Aktion wird einfach dadurch erstellt, dass man eine bestimmte Befehlsfolge ausführt und sie dabei vom Programm aufzeichnen lässt.

In VaDiP können Aktionen durch einen Steuerbefehl in einer Ebene aufgerufen werden. Die Aktion wird dabei nur aufgerufen, wenn die Ebene sichtbar ist. Dabei gilt es zu beachten, dass Aktionen stets nach allen anderen Personalisierungsschritten ausgeführt werden. Sollen durch verschiedene Ebenen mehrere Aktionen zur Ausführung kommen, werden diese in einer willkürlichen Reihenfolge ausgeführt. Daher ist der Einsatz mehrerer Aktionen zu vermeiden, wenn diese in einer bestimmten Reihenfolge ausgeführt werden müssen.

Es werden stets nur Aktionen verwendet, die in der Aktionsgruppe stehen, die im VaDiP-Dialog angegeben wird. Daher empfiehlt es sich, für jedes Personalisierungstemplate eine eigene Aktionsgruppe anzulegen: Selbst für Aktionen, die die gleichen Funktionen verwenden, unterscheiden sich typischerweise für ein bestimmtes Bild die tatsächlich verwendeten Parameter.

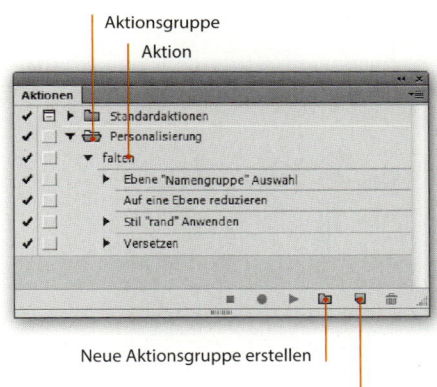

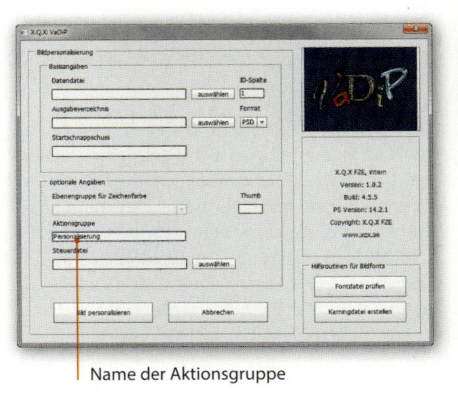

Aktionsgruppe
Aktion

Neue Aktionsgruppe erstellen
Neue Aktion erstellen

Name der Aktionsgruppe

Personalisierungstemplates erstellen

Aktionen

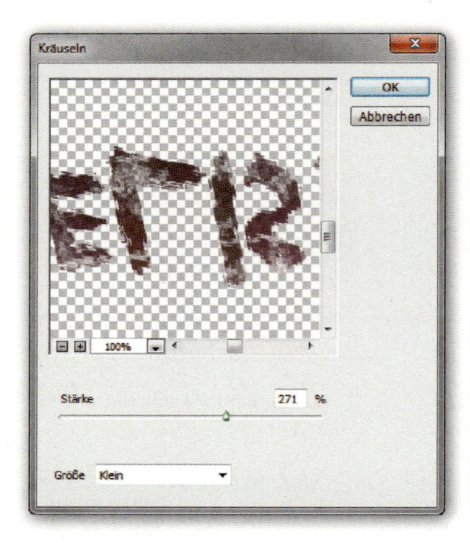

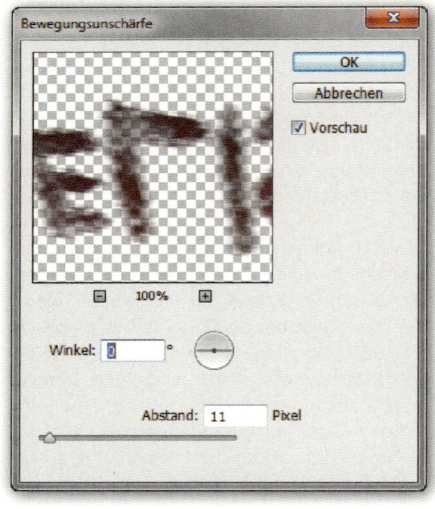

Die realistische Darstellung der sich im feuchten Sand spiegelnden Schrift wird in mehreren Schritten erreicht. Ausgangspunkt ist eine Ebenengruppe mit einer bereits auf dem Kopf stehenden Textebene, deren Parameter in gleicher Weise zufällig variiert werden wie in der Textebene zur Bootsbeschriftung. Durch eine Aktion wird die Ebenengruppe reduziert und in ein Smartobjekt konvertiert. Auf die durch das Reduzieren entstandene Pixelebene wird dann zunächst ein Kräuseln-Filter angewandt, um den leicht welligen Sandstrand zu imitieren. Danach werden mit einem Bewegungsunschärfe-Filter die harten Kanten der Schrift gebrochen. Abschließend wird die Schrift mit dem Hintergrund verrechnet. Hierzu wird einerseits die Deckkraft der erzeugten Pixelebene reduziert, andererseits wird die Ebene durch tonwertabhängige Ausblendung mit dem Hintergrund verrechnet.

Aktionen

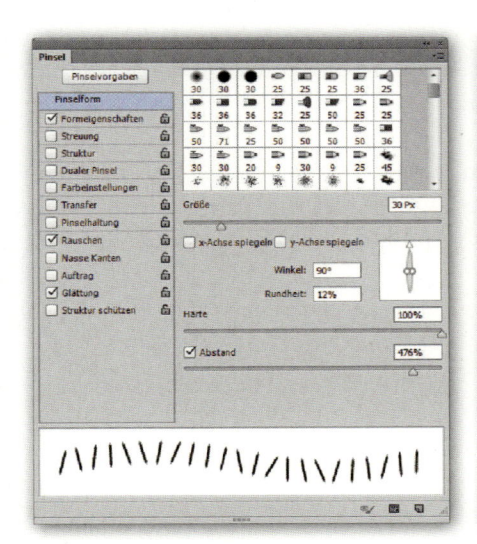

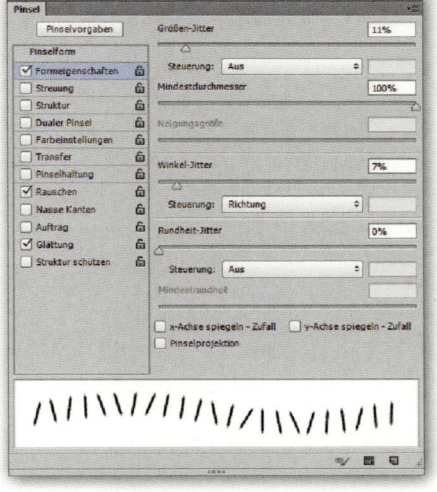

Um die Buchstaben „aufzunähen", kommt eine Aktion zum Einsatz, die aus den Buchstaben der Textebene temporär Pfade erstellt und diesen Pfaden dann einen speziellen Pinsel zuweist. Die Naht basiert auf einem schlichten, elliptischen Pinsel, der durch einen hohen Abstandswert zu einzelnen Strichen degeneriert. Diesen Strichen werden durch die Aktion ein Ebenenstil mit Effekten und Musterüberlagerung zugewiesen, so dass sich die gewünschte optische Wirkung einer Naht ergibt. Damit der Pinsel mit seiner Ausrichtung dem Pfad folgt, wird bei „Winkel-Jitter" die Steuerung auf „Richtung" gesetzt. In der Pinselfunktion von Photoshop ist bereits die Option für eine zufällige Variation der Parameterwerte eingebaut. Der sogenannte „Jitter" stellt dabei eine zufällige Abweichung um den berechneten Wert dar. Das Ausmaß des Jitter kann im Pinsel-Bedienfeld festgelegt werden.

Personalisierungstemplates erstellen

anzuwenden oder sie in nahezu beliebiger Weise anders zu verändern. Beispielsweise können mit Aktionen personalisierte Textebenen gerastert oder reduziert und anschließend als Pixelebene manipuliert werden. Dies wird häufig benötigt, um durch die Anwendung eines Weichzeichnungsfilters auf Texte Schärfentiefe zu simulieren.

Vom VaDiP-Skript werden Aktionen stets zuletzt aufgerufen, das heißt, nachdem die Inhalte aller Ebenen personalisiert wurden. Der Aufruf einer bestimmten Aktion kann dabei in Abhängigkeit vom Inhalt eines Datenfelds gesteuert werden.

Aktionen werden in Photoshop selbst und damit unabhängig von einer bestimmten Templatedatei definiert beziehungsweise aufgezeichnet. Bei der Aufzeichnung müssen die Aktionen, die für die Personalisierung verwendet werden sollen, in einer Gruppe gespeichert werden.

> [i] *Bei der Weitergabe eines Personalisierungstemplates muss sichergestellt werden, dass zusätzlich auch die verwendeten Aktionen (und die möglicherweise in diesen Aktionen benutzten benannten Stile) mitgegeben werden.*

> [i] *Im Gegensatz zur (nicht-destruktiven) Anwendung von Stilen führen Filter und Aktionen meist zu einer tatsächlichen Änderung der Bildinhalte an sich.*

Teil II

VaDiP – Variable Daten in Photoshop

5

B name_6_9#f:Font.psd#ft_-500_-80#fb_-90_90#fa:zentriert#random_4_10#

5.1 Komponenten

Die konkrete Umsetzung von Bildpersonalisierungen in Photoshop wird anhand des Skripts VaDiP[1] beschrieben, das aus der Praxis diverser, teils sehr umfangreicher Personalisierungsprojekte entstanden ist.

VaDiP erzeugt für jeden Datensatz aus einer CSV-Datei eine personalisierte Kopie einer Photoshopdatei, die als Personalisierungstemplate fungiert. Das Skript basiert dabei grundlegd darauf, dass Ebenen des Personalisierungstemplates in Abhängigkeit von den Daten des aktuellen Datensatzes ein- oder ausgeblendet werden und dass die Inhalte bestimmter Ebenen durch die Daten des aktuellen Datensatzes ersetzt werden.

Wie die Daten in das Personalisierungstemplate eingefügt werden, wird dabei durch Steuerbefehle in den Ebenennamen festgelegt. Optional können die Steuerbefehle auch in einer separaten Steuerdatei ausgelagert werden, in der die aktuellen Ebenennamen aus Photoshop auf Steuerbefehle gemappt werden.

---

[1] Weitere Informationen zum Skript finden sich unter www.xqx.ae/vadip. Dort kann auch eine kostenlose Demo-Version des Skripts heruntergeladen werden.

Schematischer Ablauf der Personalisierung mit VaDiP

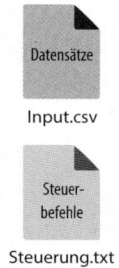

- Input.csv (Datensätze)
- Steuerung.txt (Steuerbefehle) (optional)
- Personalisierungstemplate.psd (benötigte Schriften A, Zu personalisierendes Bild)

→ Personalisierte Dateien: 1.psd, 2.psd, 3.psd …

Schematischer Ablauf beim Einsatz von Bildfonts

- Input.csv (Datensätze)
- Steuerung.txt (Steuerbefehle) (optional)
- Bildfont.csv (Kerningtabelle)
- Bildfont.psd (Bildglyphen)
- Personalisierungstemplate.psd (Zu personalisierendes Bild)

→ Personalisierte Dateien: 1.psd, 2.psd, 3.psd …

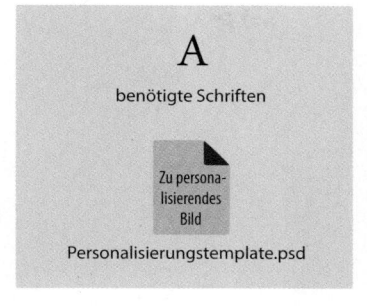

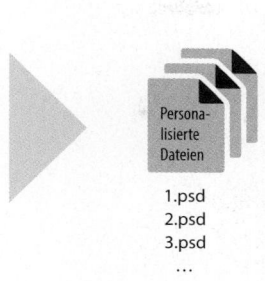

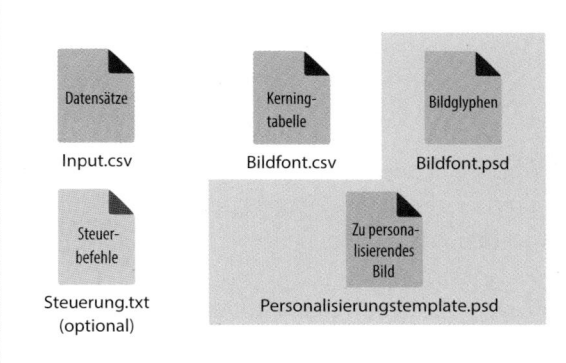

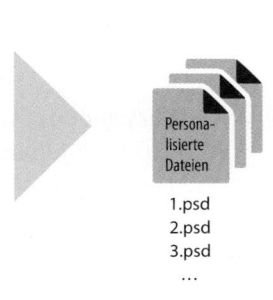

Generieren von Bildfonts aus Bildbausteinen

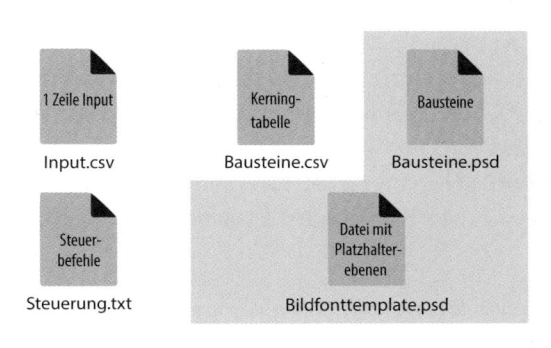

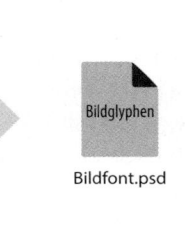

- Input.csv (1 Zeile Input)
- Steuerung.txt (Steuerbefehle)
- Bausteine.csv (Kerningtabelle)
- Bausteine.psd (Bausteine)
- Bildfonttemplate.psd (Datei mit Platzhalterebenen)

→ Bildfont.psd (Bildglyphen)

Bei der Verwendung von Bildglyphen wird eine weitere Photoshopdatei eingesetzt, die als Bildfont fungiert. Zu jeder Bildfont-Datei wird zudem eine Kerningtabelle im CSV-Format benötigt.

Beim Aufruf von VaDiP müssen die benötigten Photoshopdateien – also das Personalisierungstemplate und gegebenenfalls die Bildfontdatei – in Adobe Photoshop geöffnet sein. Das Personalisierungstemplate muss in Photoshop stets das aktive Dokument im Vordergrund sein.

5.1.1 Datensätze

Die Daten werden aus einer semikolongetrennten CSV-Datei eingelesen. Die Datei kann beispielsweise in Microsoft Excel erstellt werden. In der ersten Zeile müssen die Feldnamen für die Spalten angegeben werden. Danach steht in jeder Zeile ein Datensatz[2]. Die Datei wird mit den Standardeinstellungen der Photoshop-Skriptingschnittstelle eingelesen. Das heißt, dass eine korrekt abgespeicherte Unicode-Datei in der Regel auch als solche interpretiert wird.

---

[2] Zeilenumbrüche in den Datenfeldern sind nicht zugelassen. Ebenfalls nicht zugelassen ist die Zeichenfolge „doppeltes Anführungszeichen, Semikolon". Wenn man die Daten aus Excel exportiert, bedeutet das, dass Zellen nicht mit einem Semikolon beginnen dürfen.

Allerdings ist zur Darstellung spezieller Zeichen oder anderer Alphabete ein passender Zeichensatz erforderlich, der die benötigten Glyphen enthält.

Für die Ausgabe der personalisierten Bilder wird im VaDiP-Dialog eine Spalte ausgewählt, die für die Benennung der erzeugten Bilddateien verwendet wird.

> *Im einfachsten Fall besteht eine Datendatei aus einer einzigen Spalte, die dann sowohl als (einziges) Datenfeld zur Personalisierung als auch zur Benennung der Bilddateien genutzt wird.*

5.1.2 Personalisierungstemplate

Das Personalisierungstemplate ist eine Photoshopdatei. Bei der Automatisierung werden die Ebenen der Datei manipuliert, deren Namen entweder einen Steuerbefehl darstellt oder die über eine Steuerdatei mit einem Steuerbefehl verknüpft sind. Die übrigen Ebenen werden in der Regel nicht verändert[3]. Der Aufbau der Steuerbefehle wird im nächsten Kapitel ausführlich erläutert.

5.1.3 Steuerdatei

Anstatt die Steuerbefehle direkt in die Ebenennamen zu schreiben, können diese auch in eine separate Steuerdatei ausgelagert werden. Dies erhöht bei komplexen Projekten oder bei Projekten mit mehreren Personalisierungstemplates die Übersichtlichkeit, zumal in einer einzigen Steuerdatei die Befehle für mehrere Templates zusammengefasst werden können.

Andererseits können durch den Einsatz verschiedener Steuerdateien mit einem Personalisierungstemplate unterschiedliche Steuerbefehle verwendet werden. Dies kann sowohl beim Entwurf zum Ausprobieren von Varianten sinnvoll sein als auch bei der Arbeit mit mehreren, unterschiedlich aufgebauten Datendateien.

Der Nachteil einer Steuerdatei ist jedoch, dass dann nicht mehr alle Informationen im Photoshop-Personalisierungstemplate enthalten sind. Bei der Weitergabe des Templates muss dann immer auch die Steuerdatei mitgegeben werden.

Eine Steuerdatei ist sehr einfach aufgebaut. Pro Zeile kann jeweils einer Ebene – genauer gesagt allen Ebenen mit einem bestimmten Namen – ein

---

[3] Ausnahmen sind verbundene Ebenen und Änderungen, die durch eine Photoshop-Aktion hervorgerufen werden.

Steuerbefehl zugewiesen werden. Hierzu wird in der Zeile zunächst der in Photoshop verwendete Ebenenname angegeben, gefolgt von einem „:" als Trennzeichen. Danach folgt der Steuerbefehl (für ein Steuerdatei-Beispiel siehe Seite 58).

`Ebenenname:Steuerbefehl`

> [i] Da der Doppelpunkt als Trennzeichen definiert ist, dürfen die Ebenennamen keine Doppelpunkte enthalten.

> [i] Zeilen, die nicht mit einem in Photoshop verwendeten Ebenennamen beginnen, werden ignoriert. Dadurch können durch ein beliebiges Sonderzeichen am Zeilenanfang Kommentarzeilen markiert werden.

> [i] Auch Farbebenen können durch die Steuerdatei andere Namen zugewiesen werden. Diese wirkt sich jedoch nur auf VaDiP aus; die Ebenennamen in Photoshop werden nicht verändert.

5.1.4 Bildfont

Sofern ein[4] Bildfont verwendet werden soll, muss auch die Bildfont-Datei in Photoshop geöffnet sein. Zudem muss eine Kerningtabelle vorhanden sein. Die Kerningtabelle muss im gleichen Verzeichnis wie die Bildfont-Datei gespeichert sein und muss genauso heißen wie die Bildfont-Datei – lediglich mit der Dateiendung „.csv" statt „.psd". Der genaue Aufbau einer Bildfont-Datei wird in Kapitel 7 beschrieben.

5.2 VaDiP Dialog

5.2.1 Schnappschuss

Das Skript verwendet einen Photoshop-Schnappschuss des Personalisierungstemplates als Ausgangspunkt für die Bildpersonalisierung. Wenn der im Dialog angegebene Schnappschuss in Photoshop existiert, wird dieser verwendet; das heißt, das Personalisierungstemplate wird in den Zustand

---

[4] Es können auch mehrere verschiedene Bildfonts verwendet werden; dies wird in der Praxis aber eher selten der Fall sein.

VaDiP

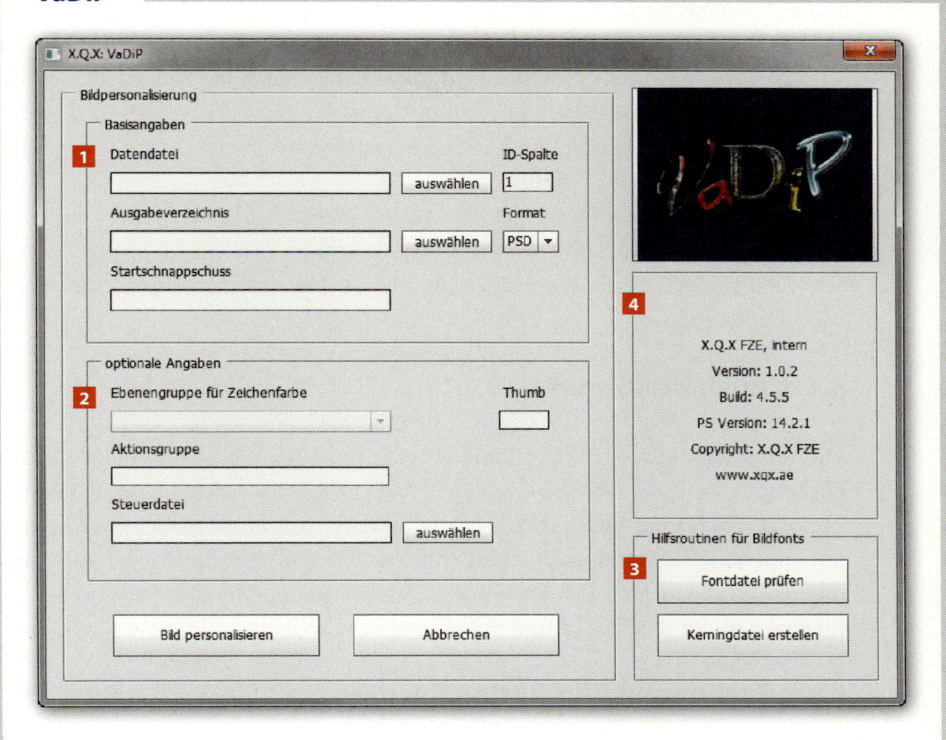

1 Basisangaben

Hier wird die Datendatei (im CSV-Format) angegeben. Ferner wird festgelegt, welche Spalte der Datendatei als ID-Spalte zur Benennung der Ausgabedateien verwendet wird, sowie wo und in welchem Format die Daten ausgegeben werden.

Der Startschnappschuss legt den Ausgangszustand des in Photoshop geöffneten Personalisierungstemplates fest. Am Ende der Personalisierung wird das Template wieder in den Zustand des Startschnappschusses zurückgesetzt. Ist der angegebene Startschnappschuss nicht vorhanden, wird er angelegt.

2 Optionale Angaben

Sollen Ebenen zum Färben von Text oder Aktionen verwendet werden, müssen hier die Ebenen- beziehungsweise Aktionsgruppen angegeben werden, in der die in den Steuerbefehlen angegebenen Farbebenen oder Aktionen stehen.

Soll eine Steuerdatei verwendet werden, ist diese hier auszuwählen.

Wird für „Thumb" eine Zahl als Seitenlänge (in Pixel) angegeben, werden zusätzlich Vorschaubilder in der entsprechenden Größe als JPEG gespeichert.

3 Hilfsroutinen für Bildfonts

Die Hilfsroutinen für die Bildfonts dienen der Erstellung und Überprüfung der benötigten Kerningtabellen. Beim Aufruf der Hilfsroutinen muss die Bildfontdatei die aktive Datei in Photoshop sein.

4 Versionsinformationen

Das Anklicken des Infobereichs erlaubt die Eingabe einer Lizenznummer.

(zurück-)versetzt, in dem der Schnappschuss angelegt wurde. Existiert der angegebene Schnappschuss nicht, wird zunächst ein Schnappschuss vom aktuellen Zustand des Personalisierungstemplates gemacht. Am Ende des VaDiP-Skripts wird das Personalisierungstemplate ebenfalls wieder in den Zustand des angegebenen Schnappschusses (zurück-)versetzt.

> *Insbesondere beim Ausprobieren verschiedener Einstellungen im Personalisierungstemplate ist darauf zu achten, dass VaDiP nicht ungewollt mit einem bereits vorhandenen Schnappschuss aus einem vorigen Testlauf aufgerufen wird.*

5.2.2 Ausgabeformate

Die personalisierten Bilder können wahlweise als Photoshopdatei gespeichert oder als TIFF, JPEG, EPS oder PNG exportiert werden. Zusätzlich kann optional auch eine kleine JPEG-Vorschaudatei mit einer vorgegebenen maximalen Seitenlänge abgespeichert werden. Für die Benennung der Ausgabedateien wird ein Feld des jeweiligen Datensatzes verwendet. Welche Spalte hierfür benutzt wird, wird im Dialog festgelegt.

5.2.3 Farbebene und Aktionsgruppe

Beim Einsatz von Farbebenen für die zufallsbasierte Färbung (siehe hierzu Kapitel 6.2.3) müssen die Farbebenen in einer Ebenengruppe stehen. Der Name der Ebenengruppe wird im VaDiP-Dialog angegeben. Werden Aktionen verwendet, ist die Aktionsgruppe anzugeben, in der die gegebenenfalls auszuführenden Aktionen stehen. Aktionen werden auf den Seiten 41 und 77 erläutert.

5.2.4 Hilfsroutinen für Bildfonts

Die Dialogfelder für die Erstellung und Überprüfung von Bildfonts werden in Kapitel 7 behandelt.

Steuerbefehle

6

Die Steuerbefehle werden entweder direkt als Ebenenname in Photoshop eingegeben oder über eine Steuerdatei den Photoshop-Ebenen zugeordnet. Die einzelnen Abschnitte eines Steuerbefehls werden mit einer Raute (#) voneinander getrennt.[1]

6.1 Datenauswahl/-sichtbarkeit

Ebenen sind ein zentrales Strukturprinzip von Photoshop. Die dynamische Steuerung der Ebenensichtbarkeit und der Ebeneninhalte in Abhängigkeit von den Daten des aktuellen Datensatzes bildet daher die Basis der Skriptfunktionalität. Dabei werden alle Ebenen im Personalisierungstemplate als dynamische Ebenen behandelt, deren Ebenenname mit einem Feldnamen aus der ersten Zeile der Datendatei beginnen. Eine dynamische Ebene ist nur dann aktiv und sichtbar, wenn die Textlänge der Daten im aktuellen Datensatz beziehungsweise in der aktuellen Zeile der Datendatei in einem vorgegebenen Intervall liegt. Dieses wird im Ebenennamen wie folgt angegeben:

Datenfeld `Feldname_ZahlMinLänge_ZahlMaxLänge`

oder

`Feldname_ZahlExakteLänge`

Beispiel:

Eine Ebene mit dem Ebenennamen `Vorname_4_9` ist nur aktiv, wenn der Vorname im aktuellen Datensatz zwischen vier und neun Buchstaben lang ist. Bei „Otto", „Markus" und „Friedrich" ist sie also aktiv, bei „Max" und „Johann-Wolfgang" nicht. Eine Ebene mit Ebenennamen `Vorname_4` ist nur aktiv, wenn der Vorname im aktuellen Datensatz genau vier Buchstaben enthält. Sie ist also bei „Otto" aktiv, bei „Max" und „Markus" nicht.

Ist eine dynamische Ebene aktiv, werden die weiteren Befehlssequenzen aus dem Ebenennamen ausgewertet. Ist sie nicht aktiv, wird sie ausgeblendet; es werden auch keine der Befehlssequenzen einer nicht aktiven Ebene ausgewertet.

---

1 Die Raute ist als grundlegendes Steuerzeichen reserviert und darf deswegen nicht anderweitig verwendet werden.

Zusammen mit einer dynamischen Ebene werden auch die mit ihr verbundenen Ebenen ein- beziehungsweise ausgeblendet. Es ist nicht zulässig, mehrere dynamische Ebenen in Photoshop als miteinander verbundene Ebenen anzulegen.

Durch die Angabe einer zusätzlichen Bedingung kann die Auswahl der Datensätze, für die eine Ebene aktiv ist, weiter eingeschränkt werden. Die Ebene ist nur dann aktiv, wenn zusätzlich auch der Wert eines bestimmten Datenfelds exakt dem im Steuerbefehl vorgegebenen Wert entspricht.

`#if:Feldname=Feldwert#`	Bedingung

Beispiel: Eine Ebene mit dem Ebenennamen `Vorname_3_6#if:Geschlecht=männlich#` ist nur aktiv, wenn im aktuellen Datensatz der Vorname drei bis sechs Buchstaben lang ist und im Feld Geschlecht „männlich" steht.

Der Inhalt von Textebenen, die für den aktuellen Datensatz aktiv sind, wird durch die Daten aus dem entsprechenden Feld des Datensatzes ersetzt. Sofern diese nicht explizit geändert werden, bleiben die Parameter der Ebene erhalten. Dies betrifft zum einen die Schriftparameter wie beispielsweise Schriftart, -größe und Absatzausrichtung oder den Textpfad, falls es sich um Pfad-

`T` name_4_7#limh_289_320#suffix:-Straße#

`T` name_8_12#limh_369_405#suffix:-Straße#
`≡` name_8_12#

`T` name_18_20#limh_426_467#suffix:-Weg#
`≡` name_13_20#

Text- und Pixelebenen einblenden

Soll ein Name auf eine vorgegebene Fläche eines Bildes wie beispielsweise ein Straßenschild geschrieben und eingepasst werden, sind Fallunterscheidungen für unterschiedliche Textlängen sinnvoll.

Bei diesem Straßenschild wurde in einem ersten Schritt die Textebene angepasst: Je nach Textlänge wurden in der Photoshop-Textebene andere Schriftparameter definiert. Zudem wurde für das Suffix bei langen Namen eine kürzere Variante gewählt.

name_4_7#suffix:-Straße#
(Schrift: 70 Pt)

name_8_12#suffix:-Straße#
(Schrift: 67 Pt)

name_13_17#suffix:-Weg#
(Schrift: 67Pt)

name_18_20#suffix:-Weg#
(Schrift: 57Pt)

Skalierung des Textes auf die Breite des Schildes lässt die Schrift unnatürlich klein wirken.

In einem zweiten Schritt wurde auch in das Hintergrundbild selbst eingegriffen. Bei langen Namen wird das Schild durch Einblenden einer zusätzlichen Ebene optisch verlängert. (Zur Veranschaulichung sind diese zusätzlichen Ebenen in der nebenstehenden Abbildung halbtransparent dargestellt.) Diese Ebenen sind ebenfalls dynamische Ebenen, deren Sichtbarkeit von der Länge des Textes im Datenfeld „name" abhängt.

Schild auf der Hintergrundebene
Ebene name_8_12#
Ebene name_13_20#

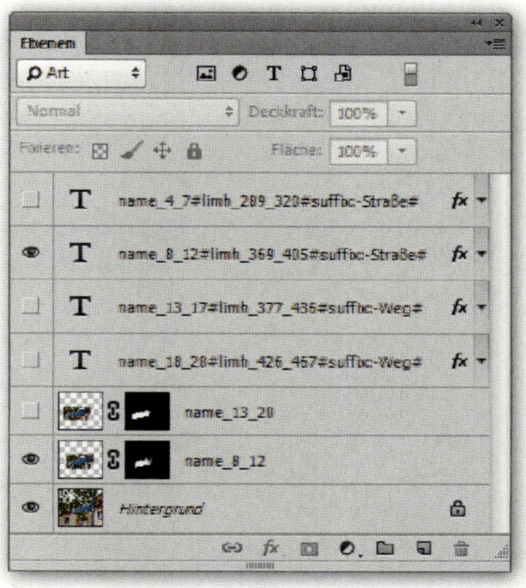

name_8_12#
name_13_20#

Als letzter Schritt erfolgt für jede der Fallunterscheidungen noch die Angabe einer Begrenzung für die zulässige Breite. Damit wird sichergestellt, dass selbst exotische Namen mit übermäßig vielen breiten oder schmalen Glyphen (wie „m" oder „i") im vorgegebenen Rahmen bleiben.

Anmerkung: Als Datensatz für diese Personalisierung wird lediglich ein Feld „name" benötigt, das Vor- und Nachname sowie etwaige Namenszusätze in der für Straßennamen benötigten Schreibweise mit Bindestrich enthält.

Ebenenpalette des fertigen Templates.

Bedingungen

Mit dem Befehl `#if` kann die Ebenensichtbarkeit in Abhängigkeit von Feldinhalten dynamisch gesteuert werden. Durch das Datenfeld „Geschlecht" werden einerseits normale Ebenen mit grafischen Inhalten (Auto oder Herzchen) dynamisch gesteuert. Andererseits wird die Farbgebung durch inhaltsabhängig gesteuerte Einstellungsebenen dynamisch verändert.

Die Auswertung der if-Bedingung erfolgt dabei zwar stets zusätzlich zur grundlegenden Ebenenlogik auf Basis der Länge eines Datenfelds (hier: name), allerdings kann für die if-Bedingung ein beliebiges Datenfeld (hier: Geschlecht) ausgewertet werden. Die Steuerbefehle wurden hier in eine Steuerdatei ausgelagert:

```
wfarbe:name_1_18#if:Geschlecht=w#
mfarbe:name_1_18#if:Geschlecht=m#
wteddyform:name_1_18#if:Geschlecht=w#
mteddyform:name_1_18#if:Geschlecht=m#
wname4-8:name_4_8#limh_50_90#if:Geschlecht=w#
mname4-8:name_4_8#limh_50_90#if:Geschlecht=m#
ortsname1-10:ort_1_10#
```

Textteilbereiche und Suffix

Mit den `#part`-Befehlen werden hier die einzelnen Buchstaben jeweils auf eine eigene Textebene geschrieben. Dadurch kann jeder Buchstabe unabhängig von den übrigen Buchstaben positioniert und verändert werden.

Diese Vorgehensweise ist allerdings hinsichtlich der Handhabung unterschiedlicher Textlängen vergleichsweise unflexibel. Ist der Name kürzer als die Tassenanzahl, werden in diesem Beispiel zusätzliche Ebenen aktiviert, die auf den nicht für die Personalisierung verwendeten hinteren Tassen jeweils ein grafisches Motiv einblenden. Damit lassen sich kürzere Namen sinnvoll personalisieren. Für längere Namen würde man hier jedoch ein alternatives Motiv verwenden.

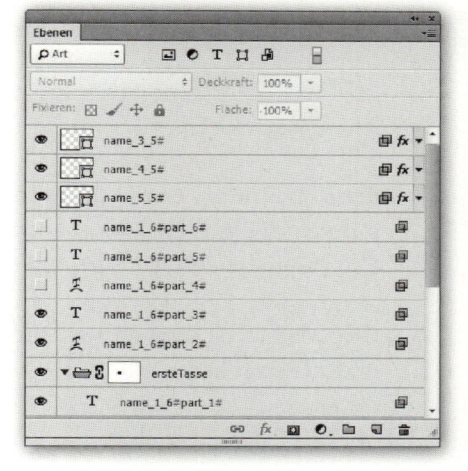

text handelt. Zum anderen werden auch die Ebeneneffekte wie beispielsweise Schlagschatten oder Transparenzmodi erhalten. Soll der Inhalt einer aktiven Textebene nicht ersetzt werden, kann dies durch Anfügen des Befehls

statischer Text | `#fix#`

erreicht werden.

Es ist auch möglich, nur einen Teil des Feldinhalts in die aktive Textebene zu übernehmen. Mit dem Befehl

Textausschnitt | `#part_ZahlStartPosition_ZahlEndPosition#`

werden vom aktuellen Datenfeld nur die Buchstaben im Bereich zwischen den angegebenen Positionen übernommen. Mit dem Befehl

einzelner Buchstabe | `#part_ZahlPosition#`

wird nur der Buchstabe an der angegebenen Position vom aktuellen Datenfeld übernommen.

Beispiel: Eine Ebene mit dem Ebenennamen `Vorname_4_6#part_3_5#` wird mit den Buchstaben 3 bis 5 aus dem Feld Vorname gefüllt. Bei „Otto" wird also „to" und bei Jürgen „gen" in die Ebene geschrieben.

Dies wird meist dazu genutzt, um Texte zeichen- oder abschnittsweise in ein Bild zu integrieren.

Mit den Befehlen `#prefix` und `#suffix` können zusätzliche Texte vor oder hinter die Daten aus dem aktuellen Datenfeld geschrieben werden.

Präfix | `#prefix:Text#`

Suffix | `#suffix:Text#`

Beispiel: Auf einer Ebene mit dem Ebenenname `Vorname_1_30#part_1#suffix:.#` steht der Anfangsbuchstabe des Vornamens gefolgt von einem Punkt.

> **i** *Da die Raute (#) als Trennzeichen definiert ist, kann diese in Präfix- und Suffixtexten nicht verwendet werden.*

6.2 Zufall

Die zufällige Variation einiger Parameter kann dazu beitragen, eine Bildkomposition natürlicher wirken zu lassen. Normalerweise wird VaDiP dabei für alle mit einem bestimmten Datenfeld verknüpften Ebenen die gleichen, zufällig ausgewählten Parameter verwenden, so dass sich beispielsweise Spiegelungen einfach realisieren lassen. Sollen für eine bestimmte Ebene eigene Parameterwerte verwendet werden, die von den anderen Vorkommen des Datenfeldes unabhängig sind, wird dies durch folgenden Befehl angegeben:

`#random#` — unabhängige Zufallsfolgen

Normalerweise wird für die Wahl der zu verwendenden Parameterwerte der vorgegebene Bereich in so viele Abschnitte eingeteilt, wie es Buchstaben im jeweiligen Datenfeld gibt. Dadurch ergibt sich eine gleichmäßige Verteilung über den gesamten Wertebereich (siehe auch Seite 22). Gerade bei längeren Texten kann dies aber möglicherweise zu Parameterwerten führen, die zu eng beieinander liegen.

`#random_ZahlSlots#` — Zufallsbereich

`#random_ZahlSlots_ZahlZyklus#` — Zufallsbereich und Zyklus

Im `#random`-Befehl kann die Anzahl der Slots festgelegt werden, in die der zulässige Wertebereich eingeteilt werden soll. Ist die Anzahl der Slots kleiner als die Anzahl der Buchstaben, werden die Parameter im Normalfall zyklisch wiederholt. Will man ein unregelmäßigeres Erscheinungsbild erreichen, kann man eine andere Zykluslänge angeben. Die Werte werden dann erst nach der angegebenen Zykluslänge wiederholt. Wird die Zykluslänge auf die maximale Textlänge gesetzt, wird jede Wiederholung vermieden.

Bei der zufälligen Variation können Parameter von drei Arten von Elementen beeinflusst werden:

- Einzelne Glyphen eines Textes auf einer Photoshop-Textebene, der mit einem normalen – das heißt im System verfügbaren – Schriftart formatiert wird. Diese Befehle beginnen mit einem „c" (wie Character). Sie sind nur bei Photoshop-Textebenen zulässig.
- Einzelne Glyphen eines Textes, der mit einem Bildfont gesetzt wird. Diese Befehle beginnen mit einem „f" (wie „Font"). Da Bildfonts nicht in Textebenen verwendet werden, sind diese Befehle in Textebenen nicht zulässig.

- Eine Ebene als Ganzes – und damit auch der in der Ebene enthaltene Text als Ganzes. Diese Befehle beginnen mit einem „l" (wie „Layer").

6.2.1 Schriftgröße und Zeichenposition

Die Schriftgröße lässt sich buchstabenweise zufällig innerhalb der angegebenen Grenzen oder zwischen dem Basiswert und der angegebenen Grenze variieren beziehungsweise skalieren. Sämtliche Zahlen sind grundsätzlich als ganze Zahlen zu schreiben.

Skalierung (Textebene)

`#cs_ZahlMin_ZahlMax#`

[%]

`#cs_Zahl#`

[%]   Basiswert: 100

(Bildfont)

`#fs_ZahlMin_ZahlMax#`

Erwartet `#f:Bildfontdatei#`. [pt]

Soll nur die Skalierung in einer Dimension variiert werden, geschieht dies mit folgenden Befehlen:

Horizontal skalieren (Textebene)

`#csh_ZahlMin_ZahlMax#`

[%]

`#csh_Zahl#`

[%]   Basiswert: 100

(Bildfont)

`#fsh_ZahlMin_ZahlMax#`

Erwartet `#f:Bildfontdatei#`. [%]

`#fsh_Zahl#`

Erwartet `#f:Bildfontdatei#`. [%]   Basiswert: 100

Vertikal skalieren (Textebene)

`#csv_ZahlMin_ZahlMax#`

[%]

`#csv_Zahl#`

[%]   Basiswert: 100

`#fsv_ZahlMin_ZahlMax#`

Erwartet `#f:`*Bildfontdatei*`#`. [%]

Vertikal skalieren (Bildfont)

`#fsv_Zahl#`

Erwartet `#f:`*Bildfontdatei*`#`. [%]   Basiswert: 100

Um die einzelnen Glyphen eines Textes zu verschieben, werden die Schriftparameter variiert. Zur zufälligen Variation der vertikalen Zeichenposition wird der Grundlinienversatz („Baseline shift") mit folgenden Befehlen zeichenweise nach oben beziehungsweise nach unten verändert:

`#cb_ZahlMin_ZahlMax#`

[pt]

Grundlinienversatz (Textebene)

`#cb_Zahl#`

[pt]   Basiswert: 0

`#fb_ZahlMin_ZahlMax#`

Erwartet `#f:`*Bildfontdatei*`#`. Jede Glyphe wird relativ zur vorhergehenden Glyphe platziert, daher addiert sich der Grundlinienversatz bei Bildfonts. [pt]

(Bildfont)

`#fb_Zahl#`

Erwartet `#f:`*Bildfontdatei*`#`. [pt]   Basiswert: 0

Um die horizontale Zeichenposition zufällig zu verändern, wird die Laufweite (Tracking) variiert. Die Trackingwerte werden dabei in Promille der Standard-Zeichenbreite angegeben. Bei Bildfonts entspricht die Standard-Zeichenbreite der Zeichenhöhe.

`#ct_ZahlMin_ZahlMax#`

[Em/1000]

Laufweite (Textebene)

`#ct_Zahl#`

[Em/1000]   Basiswert: 0

`#ft_ZahlMin_ZahlMax#`

Erwartet `#f:`*Bildfontdatei*`#`. [Schriftgröße/1000]

(Bildfont)

`#ft_Zahl#`

Erwartet `#f:`*Bildfontdatei*`#`. [Schriftgröße/1000]   Basiswert: 0

Name_3_7#ct_-30_160#cc:f_5#cs_90_115#cb_-4_3#csh_70_100#
Name_3_7#ct_-30_160#cc:f_5#cs_90_120#cb_-4_3#csh_70_100#action:b2#

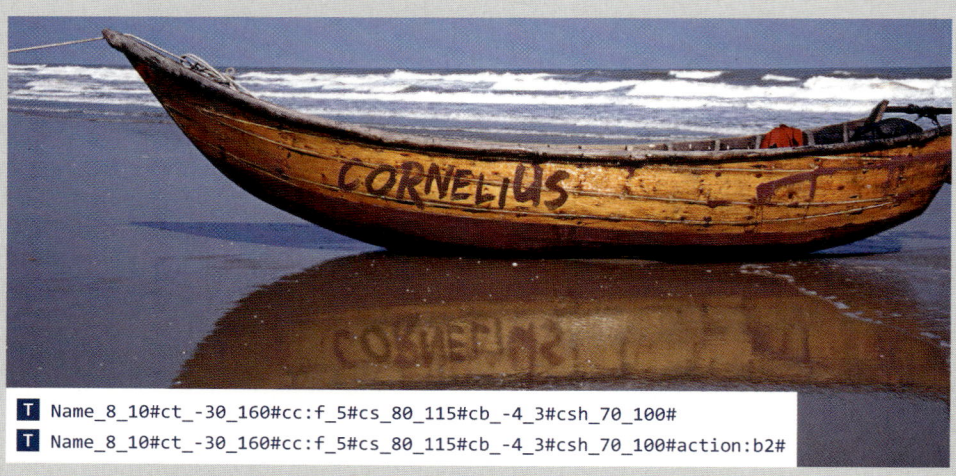

Name_8_10#ct_-30_160#cc:f_5#cs_80_115#cb_-4_3#csh_70_100#
Name_8_10#ct_-30_160#cc:f_5#cs_80_115#cb_-4_3#csh_70_100#action:b2#

Name_11_17#ct_-5_70#cc:f_5#cs_80_120#cb_-4_3#csh_70_100#
Name_11_17#ct_-5_70#cc:f_5#cs_80_115#cb_-4_3#csh_70_100#action:b2#

Schriftgröße, Zeichenposition und Farbebene

Ohne Parametervariation

Mit Parametervariation

Der Ausgangspunkt für die Bootbeschriftung sind Textebenen mit einem Vektorfont. Mit Hilfe von Ebenenstilen wie beispielsweise „Schein nach außen" werden die harten Kanten der Vektorschrift leicht gebrochen. Die Textebenen stehen in einer Ebenengruppe, die über die Mischoptionen des Ebenenstils in einigen Tonwertbereichen leicht ausgeblendet und so in das Hintergrundbild integriert werden.

Darauf aufbauend wird durch die zufällige Variation der Schriftgröße, der Laufweite und des Grundlinienversatzes eine erheblich realistischere Gesamtwirkung erzielt. Diese wird durch eine subtile Variation der Zeichenfarbe noch zusätzlich verstärkt.

Die zufällige Auswahl der Schriftfarbe wird über eine Farbebene gesteuert. Die Zahl am Ende des Farbebenennamens gibt die Anzahl der Farbslots in der Ebene (hier: 5) an.

Für die im feuchten, leicht welligen Sand gespiegelte Schrift werden zunächst weitere Textebenen angelegt und mit dem gleichen Datenfeld verknüpft. Da VaDiP für Ebenen, die mit dem gleichen Datenfeld verknüpft sind, bereits als Standardeinstellung die gleiche Zufallsfolge verwendet, reicht es aus, die gleichen Parameter wie bei den Haupttextebenen anzugeben. Für die realistische Darstellung des sich im feuchten Sand spiegelnden Textes kommt eine Aktion zum Einsatz (siehe Seite 42).

Farbebene zur Färbung der Buchstaben

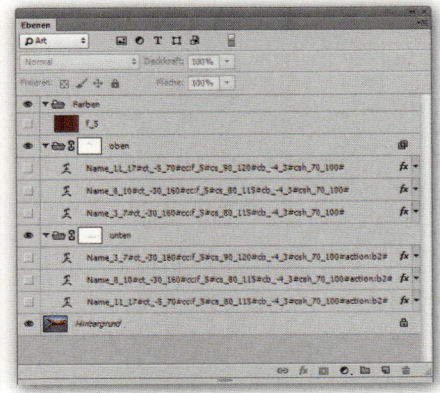

Ebenenbedienfeld mit Steuerbefehlen

Steuerbefehle

Textebenen und Drehung

Um die Buchstaben in Texten, die mit einem Vektorfont gesetzt werden, unabhängig voneinander drehen zu können, müssen diese mit dem Befehl `#part` auf einzelne Textebenen verteilt werden. Die Textebenen werden dann zufällig gedreht. Das Zentrieren des Textes erfolgt in diesem Fall mit Hilfe einer Aktion.
(Für die meist bessere Umsetzung als Bildfont siehe Kapitel 7.)

Einen ähnlichen Effekt kann man auch dadurch erreichen, dass man den Text als Ganzes auf einen etwas unruhig verlaufenden Pfad setzt.

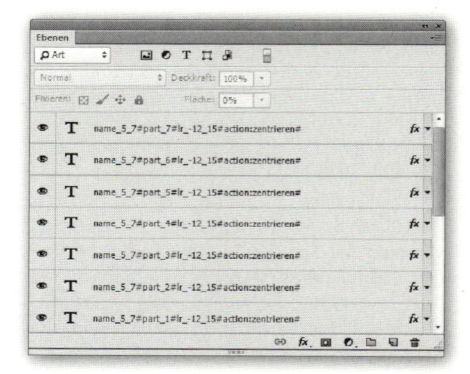

Text auf Pfad (ohne Drehung) mit zufälligem Grundlinienversatz.

66 Steuerbefehle

Bei der Verwendung eines Bildfonts kann die Drehung (Rotation) der einzelnen Glyphen mit folgendem Befehl direkt beeinflusst werden:

`#fr_ZahlMin_ZahlMax#`	Drehung (Bildfont)
Erwartet `#f:`*`Bildfontdatei`*`#`. [Grad]	
`#fr_Zahl#`	
Erwartet `#f:`*`Bildfontdatei`*`#`. [Grad] Basiswert: 0	

Buchstaben innerhalb eines Textes, der mit einem normalen Vektorzeichensatz formatiert wird, lassen sich hingegen nicht direkt einzeln und unabhängig voneinander drehen. Buchstabenweise Drehung lässt sich in diesem Fall allenfalls dadurch erreichen, dass man für jeden Buchstaben eine eigene Ebene verwendet und dann diese Ebenen dreht.

6.2.2 Ebenenposition und -skalierung

Üblicherweise wird eine zufällige Variation buchstabenweise erfolgen. Es kann jedoch auch die Position und Skalierung einer Ebene – und damit eines ganzen Textes – variiert werden. Dies kann beispielsweise dann sinnvoll sein, wenn mehrere Versionen eines Bildes nebeneinander verwendet werden sollen oder wenn in einem Bild mehrere Texte oder Textfragmente vorkommen. Hierzu gehört auch der im vorigen Abschnitt erwähnte Fall, dass ein Text buchstabenweise auf Ebenen verteilt wird.

Zur Veränderung von Drehung und von vertikaler und horizontaler Position einer Ebene dienen folgende Befehle:

`#lr_ZahlMin_ZahlMax#`	Drehung (Ebene)
[Grad]	
`#lr_Zahl#`	
[Grad] Basiswert: 0	

`#lv_ZahlMin_ZahlMax#`	Vertikal verschieben (Ebene)
[pt]	
`#lv_Zahl#`	
[pt] Basiswert: 0	

Steuerbefehle für Ebenen

Die Steuerbefehle für Ebenen eignen sich insbesondere dazu, größere Unterschiede zwischen den einzelnen personalisierten Bilder zu erzielen. Dies ist beispielsweise dann sinnvoll, wenn die Bilder nicht verschickt, sondern an einem Ort verteilt werden sollen, das heißt wenn es wahrscheinlich ist, dass eine Person mehrere personalisierte Bildversionen zu Gesicht bekommt.

In diesem Beispiel wurden die Spielkarten in Dreiergruppen auf Ebenen verteilt. In Abhängigkeit von der Namenslänge wurden diese dynamisch ein- und ausgeblendet. Mit Hilfe von Steuerbefehlen wurde die Drehung und die horizontale beziehungsweise vertikale Position der Ebene variiert, so dass der Eindruck zufällig gemischter Karten entsteht. Für die oben liegenden Karten wurden drei feste Grundvarianten definiert, um stets das Kreuz Ass an oberster Stelle abzubilden.

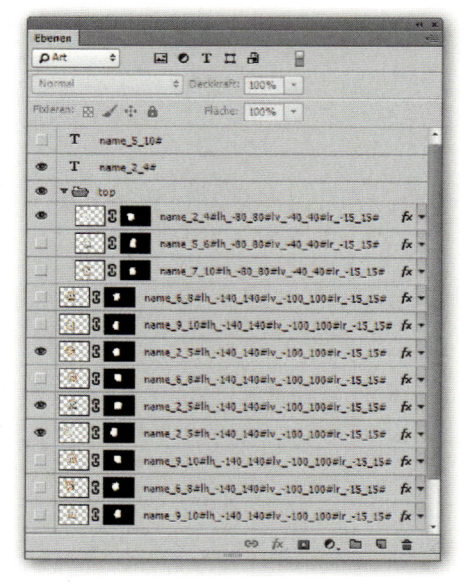

`#lh_ZahlMin_ZahlMax#` [pt]	Horizontal verschieben (Ebene)
`#lh_Zahl#` [pt] Basiswert: 0	

Die Inhalte auf einer Ebene können mit folgendem Befehl zufällig skaliert werden:

`#ls_ZahlMin_ZahlMax#` [%]	Skalieren (Ebene)
`#ls_Zahl#` [%] Basiswert: 100	

6.2.3 Farbe

Die einzelnen Glyphen einer Textebene können unterschiedlich eingefärbt werden. Dabei erhält jedoch jede Glyphe für sich stets nur eine einzige Farbe, mit der die ganze Glyphe gefärbt wird. Die Farbe wird dabei zufällig aus den Pixeln einer bestimmten Ebene gewählt. Diese Ebene wird im folgenden „Farbebene" genannt.

Der Ebenenname der Farbebene wird mit dem Befehl

`#cc:Farbebene#`	Farbebene (Textebene)

festgelegt. Die Farbebene muss innerhalb einer Ebenengruppe stehen. Der Name dieser Ebenengruppe wird im VaDiP-Dialog angegeben.

> *Mit der Steuerdatei kann ein Alias für den Ebenennamen der Farbebene festgelegt werden (siehe Seite 49).*

Die Verwendung von Farbebenen bietet verschiedene Vorteile: Wird ein Foto als Farbebene gewählt, dann ist die Wahrscheinlichkeit, dass eine bestimmte Farbe zur Färbung der Glyphen verwendet wird umso größer, je häufiger sie in der Farbebene vorkommt. Die Glyphenfärbung passt daher „wahrscheinlich" zur Farbstimmung des als Farbebene gewählten Bildes. Dies funktioniert insbesondere dann, wenn in dem gewählten Bild praktisch keine von der Gesamtstimmung abweichenden Farbpunkte enthalten sind. Zur Verwendung

Farbebenen

Farbebene	Ebenenname	Ergebnis
	Farbebene	A B C D E F G H I J K L M N O P...
	Farbebene_3	A B C D E F G H I J K L M N O P...
	Farbebene_6	A B C D E F G H I J K L M N O P...
	Farbebene_6	A B C D E F G H I J K L M N O P...

Ohne zusätzliche Slotangaben im Namen der Farbebene wird der gesamte Text zufällig gefärbt. Wird ein Slot angegeben, wird die Farbebene in gleich breite Abschnitte eingeteilt. In einer zufälligen, sich wiederholenden Folge wird dann aus jedem Abschnitt ein Farbwert ausgewählt.

als Farbebene eignen sich daher Motive wie Sonnenuntergänge, Himmel und Wolken, Wüstenbilder oder Nachtaufnahmen. Allerdings kann es eben auch vorkommen, dass Pixel aus der Farbebene gewählt werden, die nur selten vorkommen.

Mehr Kontrolle bietet das Arbeiten mit einer gezielt erstellten Farbebene, die aus Flächen mit den gewünschten Farben besteht. Je größer dabei die Fläche einer Farbe ist, desto höher ist die Wahrscheinlichkeit, dass sie zur Färbung der Glyphen verwendet wird.

> *Transparente Randbereiche werden ignoriert, wenn alle nicht-transparenten Pixel ein Rechteck bilden. Daher dürfen in einer Farbebene entweder gar keine transparenten Pixel vorkommen oder alle nicht-transparenten Pixel einer Farbebene müssen ein Rechteck bilden.*

Die Auswahl der Farbpixel aus der Farbebene kann wahlweise zufällig, spaltenweise oder schachbrettartig erfolgen. Wird der Ebenenname in der Form `Bezeichnung_Spaltenzahl` geschrieben, also beispielsweise `Grau_5`, erfolgt die Auswahl spaltenweise. Das heißt, die Farbebene wird in die angegebene Anzahl von (gleich breiten) Spalten aufgeteilt, aus denen dann jeweils ein Farbpixel gewählt wird.

Wird der Ebenenname in der Form *Bezeichnung_Spaltenzahl_Zeilenzahl* geschrieben, also *Grau_5_4*, erfolgt die Auswahl schachbrettartig. Das heißt, die Farbebene wird in die angegebene Anzahl von (gleich breiten) Spalten und (gleich hohen) Zeilen aufgeteilt. Die Auswahl der Farbpixel erfolgt dann spalten- und zeilenweise in voneinander unabhängigen Zyklen.

> Im Steuerbefehl ist der vollständige Ebenenname anzugeben, also beispielsweise #cc:Grau_5# oder #cc:Grau_5_4#.

6.2.4 Stil

Einer Ebene – und damit dem auf der Ebene enthaltenen Text insgesamt – kann ein bestimmter oder ein aus einer Gruppe zufällig ausgewählter Photoshop-Stil zugewiesen werden. Verteilt man die einzelnen Buchstaben eines Textes auf verschiedene Textebenen, lassen sich so auch auf diese Buchstaben unterschiedliche Stile anwenden.

Um aus mehreren Stilen auswählen zu können, müssen die Stile alle mit einem festen Namenspräfix und einer mit Unterstrich angefügten fortlaufenden Nummer benannt sein. Die Zufallsauswahl erfolgt dann aus den Stilen im angegebenen Nummernabschnitt.

Stile (Ebenen)
`#le:Stilname#`
Der angegebene Stil wird auf die Ebene angewandt.
`#le:Stilname_ZahlMax#`
Zufällige Auswahl eines Stils, dessen Nummer kleiner oder gleich ZahlMax ist.
`#le:Stilname_ZahlMin_ZahlMax#`
Zufällige Auswahl eines Stils, dessen Nummer im angegebenen Bereich liegt.

> Die Stile müssen in Photoshop vorhanden sein. Da Stile nicht in der Photoshopdatei gespeichert werden, ist bei der Weitergabe eines Templates darauf zu achten, dass die benötigten Stile mitgegeben werden.

Den Glyphen eines Bildfonts können Photoshop-Stile direkt zugewiesen werden. Wenn die Bildglyphen aus mehreren Ebenen bestehen, können den einzelnen Ebenen der Glyphen unabhängig voneinander verschiedene Stile zugewiesen werden. Daher ist für jede Stilinformation zunächst die Ebene der Bildglyphe anzugeben, auf die der Stil angewendet werden soll. Die Stil-

Stile

Stile sind in Photoshop ein sehr mächtiges Werkzeug, um das Aussehen eines Bildelements zu manipulieren. Für die Anwendung von Stilen auf Schrift unterstützt das Skript drei Varianten:

Variante 1: Für jeden Buchstaben wird eine eigene Textebene angelegt. Diesen Textebenen wird dann jeweils ein zufällig ausgewählter Stil zugewiesen. Dieses Vorgehen erfordert wenig Vorbereitung, da kein Bildfont benötigt wird. Allerdings ergeben sich zwei entscheidende Nachteile: Es steht kein Kerning zur Verfügung, und die Stile werden nicht skaliert, sondern bleiben für alle Schriftgrößen unverändert.

Diese Methode eignet sich daher in Situationen, in denen die Buchstaben eines Textes weit auseinander und relativ chaotisch angeordnet sind und in denen die Schriftgröße nur in geringem Umfang variiert. Sie ist auch sinnvoll, um in einer Entwurfsphase die Wirkung verschiedener Schriftarten auszutesten.

Variante 2: Es wird ein Bildfont eingesetzt, bei dem den einzelnen Buchstaben Muster zufällig über Ebenenstile zugewiesen werden. Durch die Glyphen des Bildfonts wird in diesem Fall nur die Form festgelegt. Daher reicht es aus, schlichte einfarbige Buchstabenformen als Glyphen zu definieren und das gewünschte Kerning in der Kerningtabelle festzulegen. Ein solcher Bildfont ist relativ schnell definiert und kann mit unterschiedlichen Stilen verwendet werden. Allerdings werden auch in diesem Fall die Stile nicht skaliert.

Das Vorgehen eignet sich daher für Personalisierungen, bei denen die Schriftgröße nicht zu stark variiert. Es ist auch hilfreich, um in einer Entwurfsphase die Wirkung verschiedener Stile auszuprobieren. Die Aktion „naehen" wird auf Seite 43 erläutert.

Variante 3: Es wird ein Bildfont eingesetzt, der Glyphen enthält, die Form und Aussehen festlegen, die also beispielsweise bereits durch Anwendung eines Stils entstanden sind. Um Wiederholungen zu vermeiden, sollten dabei für jeden Buchstaben mehrere Glyphen mit verschiedenem Aussehen angelegt werden.

Diese Methode erfordert zwar die aufwändigste Vorarbeit, dafür sind die Stile bereits mit den Glyphen verrechnet und werden in Abhängigkeit von der Schriftgröße mit diesen skaliert.

In der Praxis bietet sich ein schrittweises Vorgehen an: Zunächst werden Textebenen verwendet, um die Grundidee und unterschiedliche Schriftarten zu testen. Ist die Schriftart festgelegt, können mit einem Bildfont und dem Einsatz von Stilen Entwürfe für die fertige Bildkomposition gemacht und die zu verwendenden Stile ausgewählt werden. Sind auch die zu verwendenden Stile festgelegt, wird dann für die tatsächliche Automatisierung ein Bildfont mit bemusterten Glyphen erstellt.

| T | vorname_3_5#part_1#action:naehen#
| T | vorname_3_5#part_2#
...
| T | vorname_3_5#part_5#

| B | vorname_3_5#f:schrift.psd#fe:Glyphe:Stoff_12#fr_-12_12#action:naehen#

| B | vorname_3_5#f:schrift.psd#fs_100_150#fr_-12_12#fb_-50_50#le:schatten#

Steuerbefehle

Begrenzungen

Die textlängenbezogene Fallunterscheidung ist für eine grobe Einteilung in verschiedene Layouts sinnvoll. Begrenzungen dienen hingegen der Feinabstimmung, um beispielsweise unterschiedliche Glyphenbreiten auszugleichen. Es ist sinnvoll, bei Begrenzungen einen Toleranzbereich anzugeben. Der personalisierte Text wird dann nur skaliert, wenn er außerhalb des Toleranzbereichs liegt.

Wird Text auf Schildern oder andere begrenzten Flächen personalisiert, empfiehlt sich die Angabe eines expliziten Begrenzungsbefehls. Häufig kann man durch den Einsatz eines Begrenzungsbefehls zudem auch die Zahl der benötigten Fallunterscheidungen reduzieren.

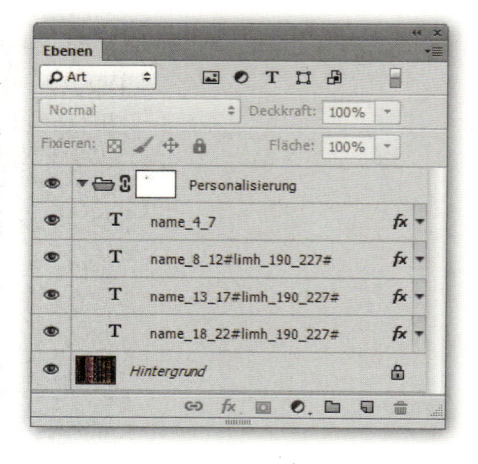

Der unskalierte Text ist zu lang. Er wird daher auf die äußeren Grenzen skaliert.

Die Textlänge ist im Toleranzbereich. Es erfolgt keine Skalierung.

Der zu kurze Text wird auf die inneren Grenzen des Toleranzbereichs skaliert.

74 Steuerbefehle

informationen für die einzelnen Ebenen werden dabei durch Doppelpunkte getrennt.

```
#fe:Fontebene_Stil:Fontebene2_Stil2#
```
Erwartet `#f:Bildfontdatei`.

Stile
(Bildfonts)

Es können Stile für eine oder beliebig viele Fontebenen angegeben werden. Wie bei Ebenen kann auch hier statt eines bestimmten Stils für jede Fontebene jeweils auch eine Stilgruppe angegeben werden in der Form `Fontebene_Stil_ZahlMax` beziehungsweise `Fontebene_Stil_ZahlMin_ZahlMax` (vgl. hierzu auch Seite 71).

Zum Aufbau von Bildglyphen siehe Kapitel 7.

6.3 Begrenzungen

Das Einpassen von Texten in eine Bildkomposition kann im einfachsten Fall durch eine entsprechende Skalierung des Textes erreicht werden. Allerdings ist dies kein Allheilmittel, da sich bei allzu unterschiedlichen Textlängen sehr schnell extreme Skalierungsfaktoren ergeben. Außerdem gibt es häufig einen Toleranzbereich, innerhalb derer sich die Abmessungen des personalisierten Textes bewegen können. Erst wenn dieser verletzt wird, ist eine Skalierung erforderlich.

Mit den Befehlen

```
#limh_ZahlMin_ZahlMax#
```
[pt]

Breitenbereich
(Ebene)

```
#limh_Zahl#
```
[pt]   Basiswert: 0

```
#limv_ZahlMin_ZahlMax#
```
[pt]

Höhenbereich
(Ebene)

```
#limv_Zahl#
```
[pt]   Basiswert: 0

Aktionen

Die Personalisierung an sich besteht in diesem Beispiel – wie in vielen anderen Fällen – lediglich aus dem Textaustausch, der durch die Zuweisung des Datenfelds im Ebenennamen gesteuert wird.

Da das Basisbild aber einen deutlichen Schärfenverlauf hatte, werden Aktionen eingesetzt, um eine korrekte Darstellung der Schärfentiefe zu erreichen.

Anmerkung: Der Weichzeichner wird dabei auch auf die bereits im Bild vorhandene Schärfentiefe angewandt. Hierdurch wird eine Diskrepanz in der Unschärfe zwischen Bild und Text vermieden.

Die Aktion beinhaltet folgende Schritte:

1. Ebenengruppe mit den dynamischen Textebenen auswählen.
2. Ebenengruppe reduzieren.
3. Ebene frei transformieren.
4. Alle Ebenen reduzieren.
5. Iris-Weichzeichner anwenden.

Anmerkung: Für unterschiedliche Textlängen können verschiedene Aktionen verwendet werden, die sich bei der Transformation in Schritt 3 unterscheiden.

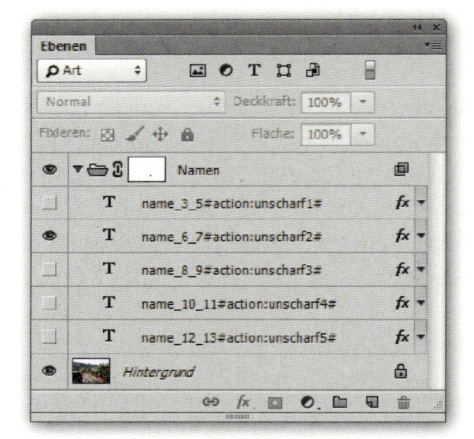

Perspektivische Verzerrung während der Aktionsaufzeichnung.

werden Toleranzbereiche für die Breite beziehungsweise für die Höhe des Textes, genauer gesagt, des fertig personalisierten Ebeneninhalts angegeben. Nur wenn diese Toleranzbereiche verletzt werden, wird der Text proportional skaliert. Werden sowohl für die Höhe als auch für die Breite Toleranzbereiche angegeben, wird der Text nach Möglichkeit so skaliert, dass beide Vorgaben eingehalten werden. Lässt sich dies durch eine proportionale Skalierung nicht erreichen, wird eine Fehlermeldung erzeugt.

6.4 Aktionen

Einige Effekte setzen die Umwandlung von Vektorschrift in Pixel voraus oder erfordern andere komplexe Manipulationen, nachdem der personalisierte Text in die Bildkomposition eingefügt wurde. Mit Aktionen stellt Photoshop hierfür ein sehr mächtiges Werkzeug zur Verfügung. Der Befehl

```
#action:Aktionsname#
```

Aktion aufrufen

ruft eine Aktion auf, die nach dem Einfügen aller personalisierten Informationen ausgeführt wird. Die Aktion wird aber nur dann ausgeführt, wenn die entsprechende Ebene für den aktuellen Datensatz aktiv ist.

Die Aktion mit dem angegebenen Namen muss dabei in einer Aktionsgruppe gespeichert sein. Der Name dieser Gruppe wird im VaDiP-Dialog eingegeben.

> [i] *Es kann pro Ebene nur eine Aktion definiert werden. Sind in mehreren für den aktuellen Datensatz aktiven Ebenen Aktionen definiert, werden diese zwar alle ausgeführt, allerdings ist die Ausführungsreihenfolge nicht festgelegt. Die Verwendung von Aktionen, die sich gegenseitig beeinflussen, sollte daher vermieden werden.*

> [i] *Verwendete Aktionen müssen in Photoshop vorhanden sein. Da Aktionen nicht in der Photoshopdatei gespeichert werden, ist bei der Weitergabe eines Personalisierungstemplates darauf zu achten, dass die benötigten Aktionen mitgegeben werden.*

6.5 Bildfont-Steuerbefehle

Im Gegensatz zur Textersetzung bei Textebenen sind bei der Verwendung von Bildfonts keine Schriftparameter in den Photoshop-Daten des Persona-

Bildfonts

Durch den Einsatz eines vorhandenen Bildfonts lassen sich auch komplexe Personalisierungen sehr einfach umsetzen. Im Personalisierungstemplate wird für die Ebene, auf die der Text personalisiert werden soll, eine Platzhalterebene (siehe unten) angelegt, auf der der gewünschte Bezugspunkt für die Textpositionierung markiert ist.

Im Ebenennamen wird als Steuerbefehl der zu verwendende Bildfont angegeben. In diesem Beispiel ist die Drehung der Glyphe bereits im Bildfont definiert.

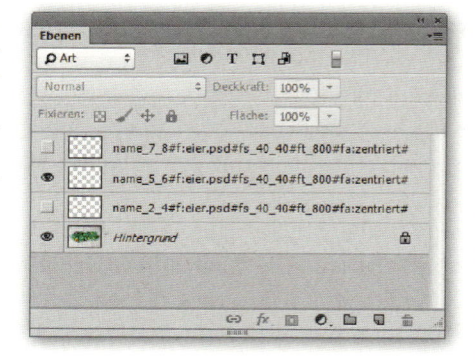

lisierungstemplates enthalten, die übernommen werden könnten. Daher werden diese Angaben über den Steuerbefehl angegeben. Grundlegend ist dabei der Befehl:

```
#f:Bildfontdatei#
```
Bildfont verwenden

Als Font wird hierbei der Name der Photoshopdatei des zu verwendenden Bildfonts angegeben. Die Bildfont-Datei muss dabei in Photoshop geöffnet sein. Allerdings liegt sie im Hintergrund, da das Personalisierungstemplate als aktive Datei in Photoshop im Vordergrund sein muss.

Bei der Verwendung von Bildfonts kann Text wahlweise waagrecht oder senkrecht gesetzt werden. Waagrechte Texte können linksbündig, zentriert oder rechtsbündig, senkrecht verlaufende Texte können oben, vertikal mittig oder unten ausgerichtet werden.

Als Bezugspunkt für die Ausrichtung des Textes dient die sogenannte Bounding Box der Ebeneninhalte. In der Praxis ist es daher am einfachsten, eine leere, transparente Ebene zu verwenden, auf der die gewünschte Startposition des Textes durch ein Kästchen markiert wird.

```
#fa:Position#

Erwartet #f:Bildfontdatei#. [links, zentriert, rechts, oben, mitte, unten, left,
center, right, top, middle, bottom]                          Standardwert: links
```
Ausrichtung (Bildfont)

> ℹ️ *Pfadtext für Bildfonts wird bislang von VaDiP nicht unterstützt.*

> ℹ️ *Der Text darf – auch unskaliert – nicht über die Dateigrenzen hinausragen. Das heißt, auch vor der Anwendung von Begrenzungen muss die Schrift vollständig innerhalb der Datei stehen.*

Ein Bildfont kann alternative Glyphen enthalten (siehe dazu Kapitel 7.1.2). Sollen bei der Verwendung des Bildfonts bestimmte Glyphenarten nicht verwendet werden, wird dies durch den Befehl #ignore erreicht. Glyphen mit den angegebenen Glyphenbedingungen werden dann nicht benutzt.

```
#ignore:Glyphenbedingung1:Glyphenbedingung2#

Erwartet #f:Bildfontdatei#. Mit Doppelpunkt getrennte Liste.
Bezeichnungen der Glyphenbedingungen siehe Seite 87.
```
Glyphen nicht verwenden (Bildfont)

Die Glyphen von Bildfonts können mehrere Ebenen enthalten. Standardmäßig werden die Ebenen der Bildglyphen nach dem Setzen des Textes von VaDiP im letzten Schritt auf eine Ebene reduziert.

Da die Darstellung von Ebenenstilen sich durch das Reduzieren verändern kann, ist es manchmal sinnvoll, das Reduzieren vor der Anwendung der Stile durchzuführen. Dies wird durch den Befehl #merge:before# beziehungsweise #merge:partial:before# erreicht.

Bausteine reduzieren vor Stil (Bildfont)

```
#merge:before#
```
Erwartet #f:*Bildfontdatei*#   Basiswert: partial

Bausteine teilweise reduzieren vor Stil (Bildfont)

```
#merge:partial:before#
```
Erwartet #f:*Bildfontdatei*#   Basiswert: partial

Mit #merge_partial# wird das Reduzieren auf die erste Ebene beschränkt. Das bedeutet, dass zwar die im Bildfont definierten Ebenen erhalten werden, auf diesen aber jeweils alle Glyphen zusammengefasst werden. Auf jeder Ebene steht dann der personalisierte Text insgesamt.

Bausteine teilweise reduzieren (Bildfont)

```
#merge:partial#
```
Erwartet #f:*Bildfontdatei*#   Basiswert: partial

Sollen die Ebenen nicht reduziert werden, wird dies mit dem Befehl #merge:none# erreicht. Es bleiben dann für jede einzelne Glyphe alle Ebenen erhalten[2].

Bausteine nicht reduzieren (Bildfont)

```
#merge:none#
```
Erwartet #f:*Bildfontdatei*#   Basiswert: partial

Werden die Ebenen nicht reduziert, bleiben die Outlinepfade der Glyphen erhalten. Sollen diese aus der Datei entfernt werden, wird dies mit folgendem Befehl erreicht:

Pfade entfernen (Bildfont)

```
#paths:none#
```
Erwartet #f:*Bildfontdatei*#

> *Wird das Reduzieren ganz oder teilweise unterbunden, werden die erzeugten Dateien deutlich größer. Dies kann zu Laufzeit- und Speicherplatzproblemen führen.*

Bildfonts

7

B `name_1_5#f:Schnittlauch.psd#fa:zentriert#action:drehen#`

7.1 Bildfonts: pixelbasierte Zeichensätze

Um Texte grafisch zu setzen, werden Zeichensätze benötigt. Dabei enthält ein Zeichensatz formal zunächst einmal Glyphen, das heißt die grafische Beschreibung der zu verwendenden Zeichen. In irgendeiner Form muss zudem klar sein, durch welche Glyphen ein Buchstaben oder ein Text dargestellt werden soll. Und schließlich ist auch noch eine Metrik erforderlich, das heißt ein Regelwerk, wie die einzelnen Glyphen eines Textes positioniert werden sollen.

Diese Informationen können auf unterschiedlichste Arten abgespeichert werden. Für vektorbasierte Zeichensätze haben sich hierfür beispielsweise TrueType und OpenType als Formate durchgesetzt. Für pixelbasierte Zeichensätze gibt es ebenfalls diverse Formate. Die meisten dieser Formate sind jedoch eher im Hinblick auf eine effiziente Ausgabe und nicht auf gestalterische Freiheit optimiert. Beispielsweise werden die einzelnen Glyphen oft entweder nur als (einfarbige) Bitmap-Muster oder als Graustufenbilder definiert. Doch auch wenn ein Format – wie beispielsweise Photofont – mit Farbbildern arbeitet, stehen für die Gestaltung der Glyphen und die Definition des Zeichensatzes nur begrenzte Möglichkeiten zur Verfügung, zumal praktisch alle typografischen Programme auf die Handhabung von vektorbasierten Formaten optimiert sind.

B `name_1_11#f:Holzfont.psd#`

Soll jedoch ein Zeichensatz primär für die Bildpersonalisierung Verwendung finden, steht nicht der effiziente Satz im Vordergrund: Im Gegensatz zu Textverarbeitung und Layout, wo auf jeder Seite mehrere tausend Zeichen stehen können, wird man in einem Bild selten mehr als einige hundert Zeichen platzieren. Andererseits will man jedoch ein Maximum an gestalterischer Freiheit auch und gerade bei der Definition eines Zeichensatzes.

Wird für die Bildpersonalisierung ohnehin Adobe Photoshop eingesetzt, können auch die für einen Zeichensatz benötigten Informationen in Photoshop definiert werden. Mit diesem pragmatischen Ansatz erreicht man eine optimale Qualität, eine praktisch unbegrenzte gestalterische Flexibilität und eine vergleichsweise einfache Handhabung, die – abgesehen von Photoshop – keine zusätzlichen Programmkenntnisse erfordert.

7.1.1 Bildglyphendatei

Das Skript verwendet als Bildfont eine speziell aufgebaute Photoshopdatei, die durch eine einfache, beispielsweise in Excel oder einem anderen Tabellenkalkulationsprogramm editierbare Tabelle mit Maßinformationen ergänzt wird. Die Photoshopdatei enthält die Daten für alle Glyphen eines Zeichensatzes. Zu jeder Glyphe werden dabei eine Ebenengruppe und zwei Pfade de-

Bildfontdatei

Bildfontdatei erstellen

Der zentrale Aspekt der Arbeit mit Bildfonts besteht darin, Bilder zu definieren, die die einzelnen Glyphen darstellen.

Anmerkung: Für dieses Beispiel werden plastische Schneebuchstaben verwendet, die mit der 3D-Funktion von Photoshop erstellt wurden.

Als Ausgangspunkt wird eine Photoshopdatei als Bildfontdatei angelegt. Die Höhe und Breite der Datei werden dabei mindestens so groß gewählt wie die größte Glyphe. Im ersten Schritt wird nun – hier im Beispiel für die Glyphe E – eine Ebenengruppe angelegt und mit E benannt. In dieser Ebenengruppe werden so viele Ebenen angelegt, wie zur Darstellung der Glyphe benötigt werden, im dargestellten Beispiel sind dies die beiden Ebenen „vorne" und „schatten". Ferner werden für die Glyphe ein Bounding-Box-Pfad und ein Outlinepfad angelegt und mit „E" beziehungsweise „_E" benannt.

Anmerkung: Stile in einer Bildfontdatei werden vom Skript ignoriert, daher sollten die Glyphen ohne die Verwendung von Stilen beziehungsweise Ebeneneffekten definiert werden.

In gleicher Weise werden für alle übrigen Buchstaben Glyphen durch entsprechend benannte

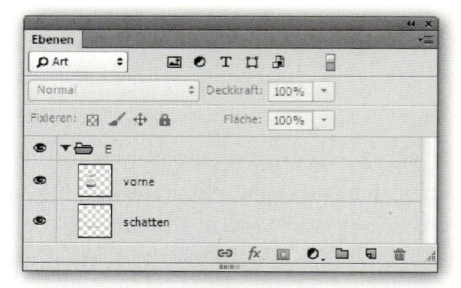

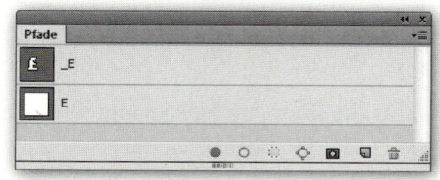

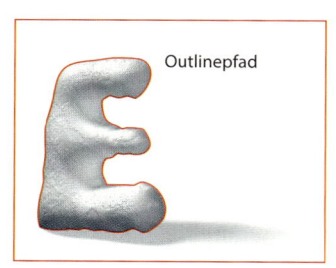

Outlinepfad

Bounding-Box-Pfad

Ebenengruppen und Pfade definiert. Die Benennung der Ebenen in den Ebenengruppen ist für alle Glyphen gleich.

Anmerkung: Verwenden die meisten Glyphen die gleiche Bounding Box, reicht es aus, diese einmal anzulegen. Bei der automatischen Erstellung der Kerningdatei werden dann automatisch die benötigten Kopien dieses Bounding-Box-Pfades angelegt.

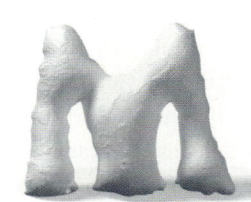

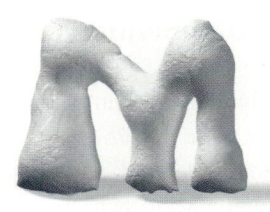

Für häufig vorkommende Buchstaben wie „E", „M" und „S" werden zusätzliche (alternative) Glyphen definiert.

Hinweis: Kerningtabelle siehe Seite 90.

Verwendung des Bildfonts

Zur Verwendung des Bildfonts mit einem Personalisierungstemplate müssen beim Aufruf von VaDiP sowohl das Personalisierungstemplate als auch die Bildfontdatei in Photoshop geöffnet sein. Das Personalisierungstemplate muss in Photoshop das aktive (im Vordergrund angezeigte) Dokument sein.

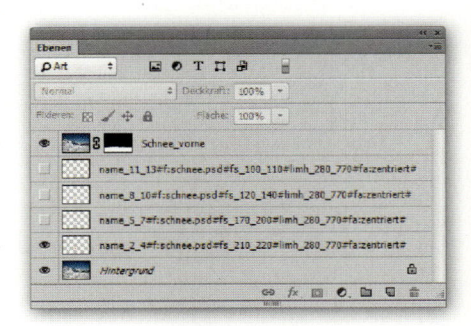

Anmerkung: Indem man eine teilweise maskierte Kopie des Hintergrundes über die Personalisierungsebenen legt, kann eine optimale Einbettung der Buchstaben in das Bild erreicht werden.

finiert. Die Ebenengruppe muss mit dem Namen der Glyphe (siehe unten) benannt sein.

In der Ebenengruppe kann das effektfreie Erscheinungsbild der Glyphe durch mehrere Photoshop-Ebenen definiert werden. Die Benennung der Ebenen innerhalb der Ebenengruppe einer Glyphe ist zwar frei wählbar, sie sollte aber für alle Glyphen gleich sein. Beim Setzen eines Textes werden die Informationen nach den Ebenennamen getrennt zusammengesetzt. Dadurch kann beispielsweise der Hintergrund einer Glyphe unter die Hauptebene einer anderen Glyphe geschoben werden. Effekte innerhalb der Glyphen, wie beispielsweise Schlagschatten, werden nicht berücksichtigt. Es können jedoch Photoshop-Stile auf die fertig gesetzte Schrift angewandt werden (siehe Seite 75).

Zwei Pfade steuern die Platzierung der Glyphe: Ein Outlinepfad und ein Pfad für die Bounding Box. Der Bounding-Box-Pfad legt den Bereich fest, der zu einer Glyphe gehört. Pixel, die außerhalb des Bounding-Box-Pfades liegen, werden ignoriert. Alle metrischen Informationen beziehen sich auf den Bounding-Box-Pfad. Der Outlinepfad dient primär der automatischen Ermittlung von Kerningwerten. Beide Pfade müssen mit dem Namen der Glyphe benannt sein; der Outlinepfad erhält jedoch zusätzlich ein Präfix. Das Präfix der Outlinepfade wird in der Kerningtabelle festgelegt; in allen Beispielen in diesem Buch wird hierfür ein Unterstrich verwendet.

7.1.2 Glyphennamen

Die Glyphen werden benannt. Der Glyphenname wird einerseits – wie eben erwähnt – in der Photoshopdatei zur Benennung der Ebenengruppe und der beiden Pfade und andererseits in der Kerningtabelle verwendet. Der Glyphenname setzt sich zusammen aus dem Zeichen, für das die Glyphe verwendet werden kann, einer optionalen Namenserweiterung und optionalen Steuercodes für die Auswahl einer Glyphe aus mehreren infrage kommenden Glyphenvarianten.

Das Zeichen, für das die Glyphe verwendet werden kann, kann direkt am Anfang des Glyphennamens stehen.

Beispiel: Eine Glyphe mit dem Glyphennamen „A" kann für den Buchstaben „A" verwendet werden, jedoch nicht für „a" oder „Ä".

Beginnt der Glyphenname mit einer Raute („#"), dann kann die Glyphe für alle Zeichen bis zur nächsten Raute verwendet werden.

Beispiel: Eine Glyphe mit dem Glyphennamen #AaÄä# kann sowohl für den Buchstaben „A", als auch für „a", „Ä" oder für „ä" verwendet werden.

> **i** Eine Glyphe für eine Raute ist nicht vorgesehen.

> **i** Der Glyphenname für das Leerzeichen sollte immer in Rautennotation, das heißt als „# #" geschrieben werden.

Glyphennamen, die nicht mit Rautennotation geschrieben sind, können zusätzlich eine beliebige Bezeichnung zur Unterscheidung erhalten. Diese wird mit einem Unterstrich an das erste Zeichen angefügt, also beispielsweise `A_Variante1` oder `A_geschwungen`.

Die Namenserweiterung dient primär zur Unterscheidung von Glyphenvarianten mit gleichen Steuercodes. Kommen nach Auswertung der Steuercodes für eine bestimmte Position mehrere Glyphenvarianten in Frage, erfolgt eine zufällige Auswahl. Auf diese Art lässt sich innerhalb eines Textes eine zufällige Variation in den Glyphen für einen Buchstaben erzielen, was beispielsweise zu realistischer wirkenden Darstellungen von Handschriften führt.

Die Steuercodes im Glyphennamen beziehen sich einerseits auf die Position einer Glyphe innerhalb eines Texts, so dass für Anfangs- und Endbuchstaben spezielle Glyphen gestaltet werden können. Andererseits kann die Glyphenauswahl in Abhängigkeit vom vorhergehenden oder vom nachfolgenden Buchstaben erfolgen. Es werden folgende Steuercodes unterstützt:

Steuercodes für die absolute Position einer Glyphe in einem Text

`#start#`	Glyphe kann nur als erste Glyphe in einem Text verwendet werden.
`#notstart#`	Glyphe kann nicht als erste Glyphe in einem Text verwendet werden.
`#end#`	Glyphe kann nur als letzte Glyphe in einem Text verwendet werden.
`#notend#`	Glyphe kann nicht als letzte Glyphe in einem Text verwendet werden.
`#middle#`	Glyphe kann nicht als erste oder letzte Glyphe in einem Text verwendet werden.
`#notmiddle#`	Glyphe kann nur als Start- oder Endglyphe eines Textes verwendet werden.

Glyphenpositionen

```
B  name_1_6#part_1#f:Blaueschnur.psd#
B  name_1_6#part_2_7#f:Roteschnur.psd#
```

a#end#
j
n#pred_borsvw#
o#start#

Die Faden-Schrift besteht aus zwei Bildfonts. Der Text wird daher zunächst mit dem Befehl #part auf zwei Ebenen verteilt. Daher ist das „o" in Sonja der Startbuchstabe des zweiten Teils. Für spezielle Anschlusspositionen werden eigene Glyphen definiert und mit einer #pred-Bedingung versehen.

Durch die Kombination der Glyphenbedingungen #pred und #succ können Ligaturen dargestellt werden. Diese bestehen aber formal aus zwei speziellen Glyphen, die mit Hilfe der Kerningtabelle nahtlos nebeneinander positioniert werden.

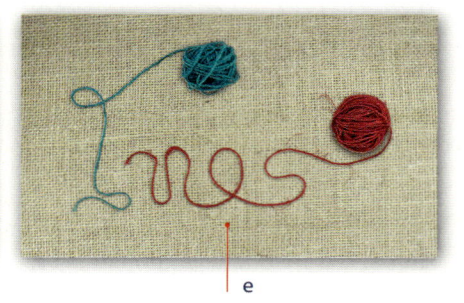

i#pred_f#
f#succ_i#

e#pred_borsvw#

e

88 Bildfonts

Steuerbefehle für die relative Position einer Glyphe

`#succ_ABC#`	Glyphe kann nur vor Buchstaben A, B oder C verwendet werden
`#notsucc_ABC#`	Glyphe kann nicht vor Buchstaben A, B oder C verwendet werden
`#pred_ABC#`	Glyphe kann nur nach Buchstaben A, B oder C verwendet werden
`#notpred_ABC#`	Glyphe kann nicht nach Buchstaben A, B oder C verwendet werden

> *Wenn an irgendeiner Stelle in einem Text Glyphen mit #start# oder #pred_...# beziehungsweise mit #end# oder #succ_...# gewählt werden können, werden nur diese Glyphen verwendet. Wenn beispielsweise die Glyphen „A" und „A#start#" definiert sind, dann wird am Textanfang nur „A#start#" verwendet.*

Mit diesen Steuerbefehlen lassen sich Ligaturen oder Schreibschriften mit verschiedenen Anschlusspositionen umsetzen; es können so aber auch deutlich komplexere kontextsensitive Typografiekonzepte realisiert werden.

7.1.3 Maßangaben und Kerning

Für die Darstellung von Text werden verschiedene Maßangaben benötigt. Zu jeder Photoshopdatei mit Bildglyphen wird daher eine CSV-Datei erwartet. Diese enthält in der ersten Zeile die Namen aller Glyphen, sowie zusätzlich in der ersten Zelle das Outline-Präfix (siehe oben).

Um bei der Verwendung der Glyphen einen sinnvollen Skalierungsfaktor bestimmen zu können, muss zunächst festgelegt werden, welcher Schriftgröße (in Punkt) die Bildglyphendaten in der Photoshopdatei entsprechen. Dieser Wert wird in der CSV-Datei in der ersten Zelle der zweiten Zeile eingetragen.

Der in der Photoshopdatei definierte Bounding-Box-Pfad bildet den Ausgangspunkt für die Platzierung einer Glyphe. Die vertikale Ausrichtung wird durch die Festlegung einer Grundlinie gesteuert. Für jede Glyphe ist die Position der Grundlinie innerhalb des durch den Bounding-Box-Pfad definierten Rahmens in Pixeln anzugeben und in der zweiten Zeile der CSV-Datei einzutragen.

Kerningtabelle erzeugen

Eingabe als Zahl in Punkt

Überschreibt eine eventuell vorhandene Kerningtabelle

Um die relative Position der Glyphen zueinander festzulegen, wird eine Kerningtabelle erstellt.

Mit der in Photoshop als aktives Dokument geöffneten Bildfontdatei wird das VaDiP-Skript aufgerufen und der Punkt „Kerningdatei erstellen" ausgewählt. Im folgenden Dialog werden eingegeben:

Outlinepräfix: Das Zeichen, das den Namen des Bounding-Box-Pfades vom Outlinepfad einer Glyphe unterscheidet.

Hauptebene: Der Name der Ebene in den Ebenengruppen, auf der die wichtigsten Bildinformationen stehen. Die Ebene muss auch dann angegeben werden, wenn es keine weiteren Ebenen pro Glyphe gibt.

Basisabstand: Abstand, der im Normalfall zwischen zwei Glyphen, genauer gesagt zwischen ihren Outlinepfaden, verwendet werden soll.

Grundlinie: Die Position der Grundlinie, das heißt der Abstand der Grundlinie von der Unterkante des Bounding-Box-Pfades.

Bounding Box: Name des Standard-Bounding-Box-Pfades. Existiert bislang noch kein eigener Bounding-Box-Pfad für eine Glyphe, wird dieser als Kopie des Standard-Bounding-Box-Pfades angelegt.

Die so generierte Kerningtabelle wird im gleichen Verzeichnis und mit dem gleichen Namen wie die Bildfontdatei – jedoch mit der Dateiendung .csv – abgespeichert. Sie kann anschließend bei Bedarf, beispielsweise in Excel, von Hand optimiert werden. Dies ist allerdings praktisch nur bei der Umsetzung spezieller typografischer Konzepte erforderlich.

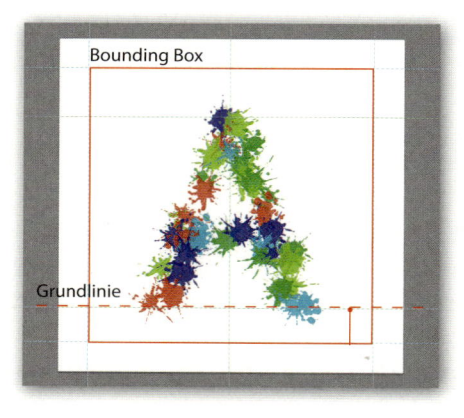

	# #leer	A	A1	B	B1	C	D
1576pt	194	194	194	194	194	194	194
# #leer	-1558	-1014	-970	-1057	-1057	-1013	-933
A	-1032	-488	-444	-531	-531	-487	-407
A1	-1087	-543	-499	-586	-586	-542	-462
B	-1083	-539	-495	-582	-582	-538	-458
B1	-1059	-515	-471	-558	-558	-514	-434
C	-1084	-540	-496	-583	-583	-539	-459
D	-991	-447	-403	-490	-490	-446	-366
E	-1117	-573	-529	-616	-616	-572	-492
E1	-1068	-524	-480	-567	-567	-523	-443

Der horizontale Abstand zum vorhergehenden Buchstaben beziehungsweise zur vorhergehenden Glyphe kann für jede mögliche Glyphenkombination individuell festgelegt werden. Dieses sogenannte Kerning wird üblicherweise in 1/1000stel der Schriftgröße[1] angegeben. Für jede Glyphe ist daher in der CSV-Datei eine Zeile mit den entsprechenden Werten einzutragen.

Da das Erstellen der CSV-Datei mit den Maßangaben etwas mühsam sein kann, kann man diese Aufgabe auch dem Skript überlassen. Im VaDiP-Dialog wird hierzu der Punkt „Kerningdatei erstellen" gewählt. Im folgenden Unterdialog wird dann ein Standardabstand eingegeben, der dann die Grundlage für die Berechnung der Kerningtabelle bildet. Die vom Skript erzeugte Kerningtabelle kann anschließend editiert werden, um beispielsweise die Kerningwerte für ausgewählte Glyphenkombinationen manuell anzupassen.

7.2 Bildbausteine

Aus Bausteinen lassen sich relativ einfach Bildglyphen zusammensetzen. Dabei werden neben den Bausteinen eigentlich nur die Form beziehungsweise der Outlinepfad der gewünschten Glyphe benötigt. Wenngleich dieses Zusammensetzen formal recht einfach ist, ist es jedoch rechentechnisch relativ aufwändig. Auch stößt die Implementierung als Skript hier so langsam an ihre Grenzen. Daher wird für das Skript ein zweiteiliges Vorgehen gewählt: In einem ersten Schritt werden aus den Bausteinen Bildglyphen erstellt. Anschließend können diese als ganz normaler Bildfont eingesetzt werden.

In der Praxis empfiehlt es sich, zunächst sogar nur einige Glyphen zu erstellen und mit den verschiedenen Parametern zu experimentieren, bis man mit dem Ergebnis zufrieden ist. Danach kann man dann alle Glyphen eines Zeichensatzes berechnen lassen – was aber den Rechner je nach Komplexität und Umfang des Zeichensatzes eine Weile lang beschäftigen wird.

Die Bausteine sind formal als Bildfont anzulegen, wobei die einzelnen Bausteine formal jeweils Glyphen sind. Da für die Anordnung der Bildbausteine anschließend meist ohnehin eine zufällige Reihenfolge verwendet wird, kann die Benennung der Baustein-Glyphen einigermaßen beliebig gewählt werden.

---

[1] genauer gesagt: der Schriftbreite. Das Skript greift an dieser Stelle aber auf die Schriftgröße zu. Anders ausgedrückt wird die Schriftgröße zugleich auch als Normbreite der Glyphen definiert.

Outlinepfade für die zu erstellenden Glyphen kann man entweder selbst zeichnen oder einfach aus einer beliebigen Vektorschrift ableiten. Die Pfade werden in einer Photoshopdatei gespeichert.

> ℹ️ *Da das Aussehen der erstellten Glyphen durch diverse Parameter beeinflusst werden kann und da die Bausteine die Outlinepfade überlappen, können mit den selben Outlinepfaden viele verschiedene Bildfonts erstellt werden.*

Als Steuerdatei für den Prozess der Glyphenerstellung dient eine Photoshopdatei, die formal ein spezielles Personalisierungstemplate ist. In dieser Datei muss für jede zu erzeugende Glyphe eine Ebene mit einem speziellen Steuerbefehl enthalten sein. Der Steuerbefehl für die Erzeugung einer Glyphe hat folgende Form:

```
#g:Glyphe:BoundingBox:Outline:Bausteindatei:
Zeilenabstand:Überlappung#
```

`Glyphe` ist dabei der Name der zu erzeugenden Glyphe. Dabei sind im Glyphennamen alle `#` durch `*` zu ersetzen. Um also die Glyphe mit dem Namen `A#start#` zu erzeugen, ist im Steuerbefehl `A*start*` zu schreiben.

`BoundingBox` und `Outline` sind die Namen der Pfade, die als Bounding Box beziehungsweise als Outlinepfad für die neue Glyphe verwendet werden sollen. Diese Pfad muss in der Datei vorhanden sein.

> ℹ️ *Ein Pfad kann für mehrere Glyphen verwendet werden. Meist werden viele Glyphen die gleiche Bounding Box verwenden. Glyphenvarianten basieren oft auf dem gleichen Outlinepfad. VaDiP erzeugt beim Erstellen der Glyphen automatisch die für einen Bildfont benötigten Kopien der entsprechenden Pfade.*

`Bausteindatei` ist die Photoshopdatei, die die Bausteine enthält. Formal ist diese Datei eine spezielle Bildfontdatei.

`Zeilenabstand` legt den Abstand zwischen den „Zeilen" des aus den Bildbausteinen erzeugten Musters fest.

`Überlappung` bestimmt einen Toleranzbereich um den Outlinepfad, innerhalb dessen die Bildbausteine der zu erzeugenden Glyphe stehen müssen.

Bildbausteinfont erstellen

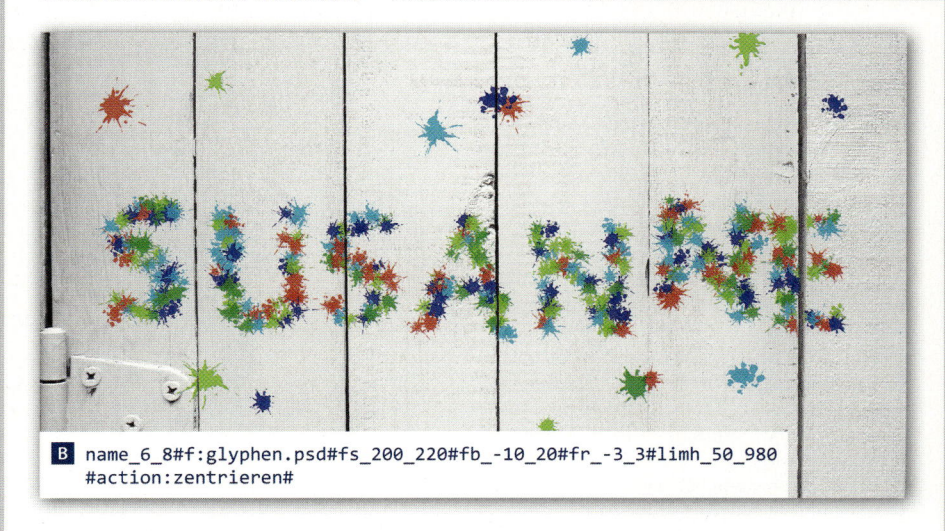

`name_6_8#f:glyphen.psd#fs_200_220#fb_-10_20#fr_-3_3#limh_50_980 #action:zentrieren#`

Bildbausteindatei

Um die Glyphen eines Bildfonts aus Bausteinen zu erstellen, müssen zunächst die zu verwendenden Bausteine in einer Bildbausteindatei gespeichert werden. Formal ist die Bildbausteindatei eine spezielle Bildfontdatei.

Als Bildbausteine können sowohl fotografierte als auch gezeichnete Pixelbilder verwendet werden. In diesem Beispiel kommen gezeichnete Bildbausteine zum Einsatz.

Zunächst sind Höhe und Breite der Bausteindatei passend zu den maximalen Abmessungen eines einzelnen Bausteins festzulegen.

Für einen ersten Baustein wird dann in der Bausteindatei eine Ebenengruppe angelegt. Die Benennung der Bausteine beziehungsweise der Ebenengruppen kann mehr oder weniger beliebig gewählt werden (die Benennung der Bausteine ist nur dann von Bedeutung, wenn statt einer zufälligen Verteilung der Bausteine ein explizites Muster vorgegeben werden soll). In diesem Beispiel nennen wir die Bausteine 1Baustein, 2Baustein, usw.

In der soeben angelegten Ebenengruppe werden die Ebenen angelegt, die später die Pixelinformationen des Bausteins enthalten werden.

Grundbausteine für die Glyphen.

Bildfonts 93

Die Benennung dieser Ebenen kann frei gewählt werden. Wir nennen sie „klecks".

Diese erste Ebenengruppe mit den (noch leeren) Ebenen duplizieren wir anschließend so oft und benennen sie entsprechend um, so dass für jeden geplanten Baustein eine Ebenengruppe vorhanden ist.

Die so entstandene (noch leere) Ebenenstruktur füllen wir nun mit den Bildinhalten der einzelnen Bausteine.
Effekte und Ebenenmodi werden nicht unterstützt. Wenn die Bildinhalte eines Bausteins daher Effekte oder Ebenenmodi verwenden, müssen diese vorher reduziert werden. Alternativ kann der Baustein auch ohne Effekt abgespeichert und dieser dann bei der Automatisierung durch einen Stil zugewiesen werden.

Zusätzlich zu den in der Ebenenstruktur definierten Bildinhalten der Bausteine wird für jeden Baustein ein Outlinepfad angelegt, der die Grenzen des Hauptbildinhalts festlegt. Der Outlinepfad wird mit dem Namen des Bausteins und einem zusätzlichen Outlinepräfix benannt. In unserem Beispiel ist das Outlinepräfix „_", so dass die Outlinepfade „_1Baustein", „_2Baustein", usw. heißen.

Schließlich werden noch Bounding-Box-Pfade zu den Bausteinen gespeichert. Ein Bounding-Box-Pfad ist rechteckig und so groß, dass er sowohl alle Pixel der Bildinhalte eines Bausteins als auch den Outlinepfad umfasst. Der Bounding-Box-Pfad wird mit dem Namen des Bausteins benannt, in unserem Beispiel also „1Baustein", „2Baustein", usw.

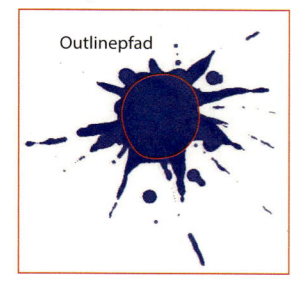

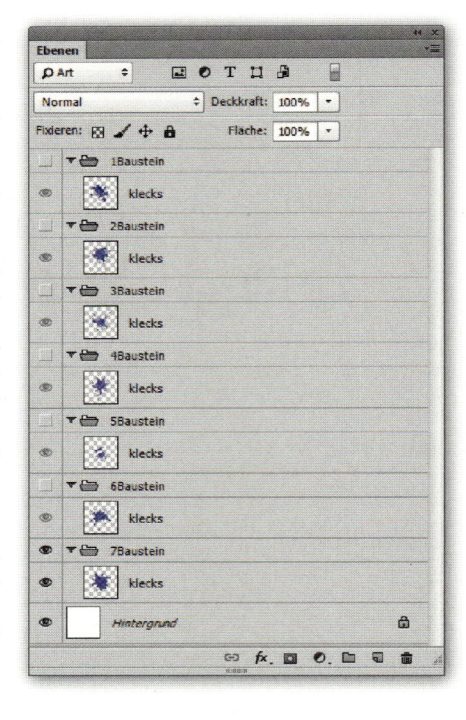

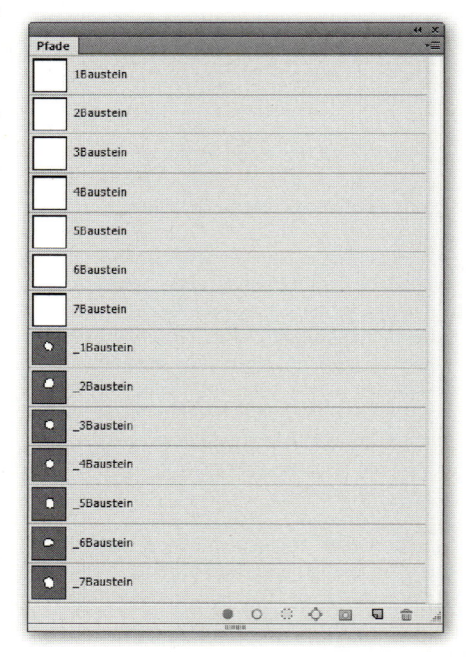

Bounding-Box-Pfad

Outlinepfad

Kerningtabelle für die Bildbausteindatei

Für die Bildbausteindatei wird noch eine Kerningtabelle benötigt. In der Regel reicht es für Bildbausteine aus, eine automatisch generierte Kerningtabelle zu verwenden (siehe Seite 90). Beim Erzeugen der Kerningtabelle geben wir im Beispiel als Basisabstand „0" an. Die Überlagerung der Bausteine steuern wir später durch negative Werte der Laufweite.

Die Kerningtabelle wird im gleichen Verzeichnis wie die Bildbausteindatei gespeichert und hat – bis auf die Endung – den gleichen Namen wie die Bildbausteindatei.

Bildfont-Template

Zur Erzeugung eines Bildfonts aus Bildbausteinen wird ein Bildfont-Template benötigt. Dies ist formal ein spezielles Personalisierungstemplate. Die Abmessungen des Bildfont-Templates müssen dabei etwas größer als die größte zu erzeugende Glyphe sein. Insbesondere am rechten und am unteren Rand ist zusätzlicher Platz vorzusehen, der mindestens so groß ist wie der größte Bildbaustein.

Für jede zu erzeugende Glyphe, die im fertigen Bildfont enthalten sein soll, wird im Bildfont-Template eine Ebene angelegt. Diese könnte direkt mit dem entsprechenden Steuerbefehl benannt werden. Es empfiehlt sich jedoch, die Steuerbefehle in eine Steuerbefehlsdatei auszulagern. Daher benennen wir im Beispiel die Ebenen jeweils „ContainerA", „ContainerB" usw.

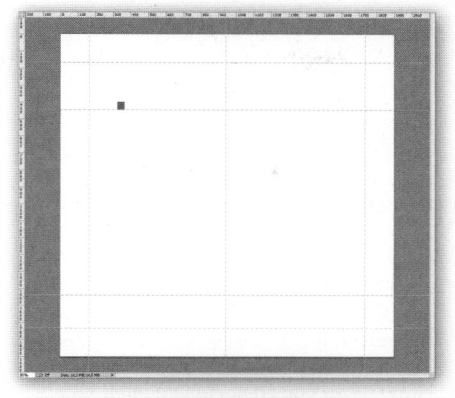

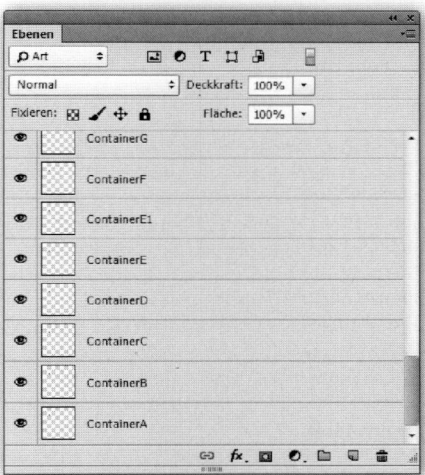

Die Ebenen enthalten jeweils das kleine Referenz-Viereck.

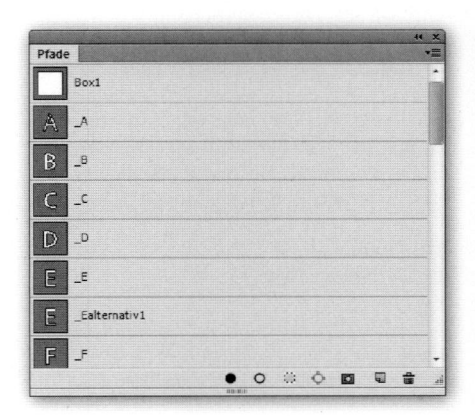

Die Ebenen im Bildfont-Template sind fast leer: Sie enthalten lediglich ein (beliebiges) kleines Pixelrechteck, das den Startpunkt für die Platzierung der Bildbausteine festlegt.

Für jede zu erzeugende Glyphenform wird ferner ein Outlinepfad benötigt. Diesen benennen wir _A, _B usw. Auch Bounding-Box-Pfade sind im Bildfont-Template anzulegen. Da ein Pfad jedoch für verschiedene Glyphen verwendet werden kann, kommt man meist mit einem oder mit wenigen Boundig-Box-Pfaden aus. Im Beispiel verwenden wir lediglich einen Bounding-Box-Pfad, den wir „Box1" nennen.

```
ContainerA:glyphe_1_20#g:A:Box1:_A:Bausteine.psd:100:50#fr_4_300
```
      1   2   3   4

```
#fb_-50_50#ft_-2900_-1800#fs_310_350#fe:klecks_farbstil_1_6#random10_100#
```
    5   6   7   8   9

Steuerungsbefehl für die Glyphe „A". Zur Erläuterung siehe nebenstehende Tabelle.

Steuerungsdatei

Die Arbeit mit einer Steuerungsdatei bietet mehrere Vorteile: Zum einen sind die Befehle in einer Steuerungsdatei übersichtlicher und einfacher zu editieren. Zum anderen kann ein Bildfont-Template mit verschiedenen Steuerdateien – und damit auch mit verschiedenen Bildbausteindateien – eingesetzt werden, um unterschiedliche Bildfonts zu generieren.

Die Steuerungsdatei enthält für jede zu erzeugende Glyphe einen Steuerbefehl. Der Grundbefehl zur Glyphenerzeugung kann dabei noch um weitere Befehle ergänzt werden, die die Platzierung der Bildbausteine kontrollieren.

Anmerkung: Um nur einzelne Glyphen zu generieren, kann man in der Steuerdatei die übrigen Zeilen durch ein Sonderzeichen, beispielsweise „§" am Anfang der Zeile auskommentieren.

Input-Datei

Die Inputdatei zur Erzeugung eines Bildfonts wird meist recht knapp ausfallen. Da nur eine Version des Bildfonts generiert werden soll, wird nur eine Datenzeile benötigt – und da alle Glyphen in unserem Beispiel auf das Datenfeld „glyphe" zugreifen, wird – neben dem gewünschten Dateiname des fertigen Bildfonts – auch nur dieses Datenfeld benötigt. Sollen die Bildbausteine zufällig ausgewählt werden, wird in das Datenfeld „#random" geschrieben. Insgesamt ergibt sich damit als Input-Datei:

```
ID;glyphe
Bildfont;#random
```

Anmerkung: Will man die Auswahl und Abfolge der Bildbausteine explizit festlegen, kann man statt #random auch eine entsprechende Zeichen-

	Befehl	Näheres auf Seite
1	Ebenennamen in Photoshop	50
2	Datenfeld in der Input-Datei (glyphe) mit einer quasi beliebigen Feldlänge (1-20)	54
3	Steuerbefehl zur Glyphenerzeugung	92
4	Zufällige Drehung	67
5	Zufälliger Grundlinienversatz	63
6	Zufällige Laufweite	63
7	Zufällige Skalierung	62
8	Zuweisen der 6 Farbstile	75
9	10 Slots in einem Hunderter-Zyklus	61

```
ContainerA:glyphe_1_20#g:A:a1:_A:Bauste
ContainerB:glyphe_1_20#g:B:a1:_B:Bauste
ContainerC:glyphe_1_20#g:C:a1:_C:Bauste
ContainerD:glyphe_1_20#g:D:a1:_D:Bauste
ContainerE:glyphe_1_20#g:E:a1:_E:Bauste
ContainerE1:glyphe_1_20#g:Ealternativ1:
...
```

Steuerungsdatei für mehrere Glyphen.

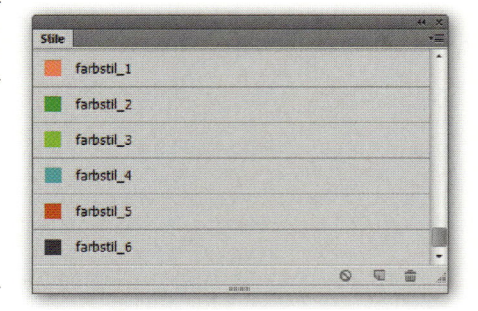

folge angeben. In unserem Beispiel hatten wir alle Bausteinnamen mit Ziffern beginnen lassen. So könnten wir für die Verwendung eines bestimmten Musters als Input-Datei beispielsweise angeben:

```
ID;glyphe
Bildfont;112 113 114 115
```

Generieren und Optimieren des Bildfonts

Das Generieren eines Bildfonts aus Bildbausteinen ist ziemlich rechenintensiv. Daher empfiehlt es sich zunächst (mit einer kleinen Version der Steuerdatei) nur einige Glyphen zu erstellen und anhand der Ergebnisse die Parameter für die Bausteinplatzierung zu optimieren. Hat man die optimale Bausteinplatzierung gefunden, generiert man (mit der vollständigen Steuerdatei) den gesamten Bildfont.

Da die Platzierung der Bausteine zufällig geschieht, lohnt es sich meist, mehrere Durchläufe zu machen und aus den erzeugten Bildfontvarianten die schönsten Glyphen auszuwählen. Diese werden dann mit ihrer jeweiligen Ebenengruppe in einen Bildfont zusammenkopiert. Sollen beim Zusammenkopieren mehrere Varianten einer Glyphe erhalten bleiben, müssen der Glyphenname entsprechend ergänzt und die Outline- und Bounding-Box-Pfade kopiert werden. Beispiel: „A", „Aalternativ1", „Aalternativ2"

Kerningtabelle für den Bildfont

Nachdem die Bildfontdatei fertiggestellt wurde, wird abschließend noch eine Kerningtabelle für den Bildfont erstellt. Siehe hierzu Seite 90.

Bounding-Box-Pfad

Outlinepfad des zu generierenden Buchstabens

VaDiP beginnt am Referenzpunkt und füllt die gesamte Fläche (die Fläche der Bounding Box der zu generierenden Glyphe) in Reihen von links nach rechts und von oben nach unten. Danach werden die Objekte gelöscht, die nicht innerhalb der Glyphe stehen, wobei durch den Threshold-Parameter festgelegt werden kann, wie stark ein Baustein die Grenzen der Glyphe überlappen darf.

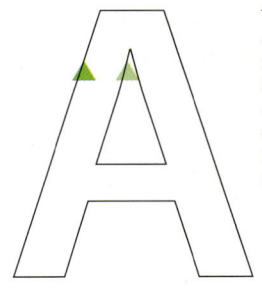

Threshold: Bei einem Wert von 50 würde der helle Baustein wegfallen, da er nicht mit mindestens 50 % seiner Fläche innerhalb der Form steht.

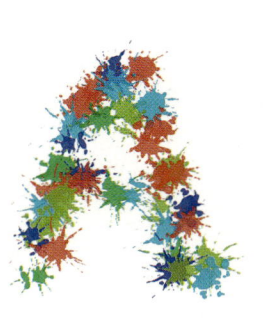

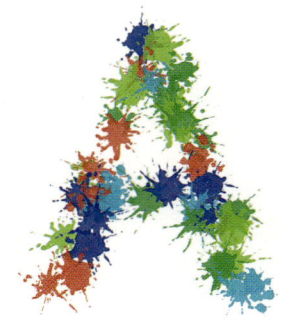

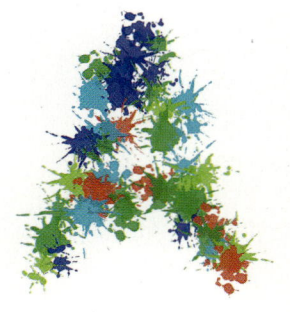

Bildfonts 97

Zur Steuerung der Platzierung und des Stils der Bildbausteine können zudem die Befehle für Bildfonts (siehe Kapitel 6) verwendet werden.

Werden die Bausteine zufallsbasiert angeordnet, empfiehlt es sich, die Bildglyphen mehrfach berechnen zu lassen und dann die schönsten auszuwählen. Es ist zudem meistens sinnvoll, für einen Buchstaben mehrere Glyphenvarianten zu verwenden; diese werden beim Setzen eines Textes zufällig ausgewählt und ergeben so ein natürlicheres Textbild. Es ist nicht erforderlich, für alle Buchstaben gleich viele Glyphenvarianten zu definieren. Dementsprechend wird man tendenziell für die häufig vorkommenden Buchstaben wie beispielsweise „e" oder „s" mehr Varianten definieren als für selten Vorkommende.

> *i* *Um Glyphen aus verschiedenen Photoshopdateien in eine einzige Bildfont-Datei zu kopieren, müssen jeweils die Ebenengruppe und die dazugehörenden Outline- und Bounding-Box-Pfade der entsprechenden Glyphe kopiert werden.*

Sind die zu verwendenden Glyphenvarianten ausgewählt und in eine Photoshopdatei zusammenkopiert, wird noch eine Kerningtabelle benötigt. Diese kann man sich aber – wie oben erwähnt – als Grundversion vom Skript automatisch erzeugen lassen.

Der so erzeugte Bildfont kann anschließend direkt mit beliebigen eigenen Personalisierungstemplates verwendet oder – zusammen mit der Kerningtabelle – an andere Anwender weitergegeben werden.

Anhang

8

Ebenensichtbarkeit

Feldname_ZahlExakteLänge# (muss am Anfang stehen)		S. 54
Ebene ist aktiv, wenn der Inhalt des Feldes exakt die angegebene Länge hat	vorname_4#	
Feldname_ZahlMinLänge_ZahlMaxLänge# (muss am Anfang stehen)		S. 54
Ebene ist aktiv, wenn die Länge des Feldinhalts im angegebenen Bereich liegt.	vorname_4_8#	
#if:Feldname=Feldwert#		S. 55
Ebene ist aktiv, wenn das angegebene Feld den angegebenen Wert hat	vorname_4#if:geschlecht=m#	

Textsteuerung

#fix#		S. 60
Inhalt einer aktiven Textebene nicht ersetzen	vorname_4_8#fix#	
#part_ZahlPosition#		S. 60
Nur der Buchstabe des Feldinhalts an der angegebenen Position wird angezeigt	vorname_4_8#part_2#	
#part_ZahlStartPosition_ZahlEndPosition#		S. 60
Ein Teil des Feldinhalts wird angezeigt	vorname_4_8#part_5_7#	
#prefix:Text#		S. 60
Präfix	vorname_4_8#prefix:***#	
#suffix:Text#		S. 60
Suffix	vorname_4_8#suffix:-Straße#	

Buchstabenbasierter Textaustausch

#cs_ZahlMin_ZahlMax# #cs_Zahl#	[%] Basiswert: 100	S. 62
Skalieren	vorname_4_8#cs_80_120#	
#csh_ZahlMin_ZahlMax# #csh_Zahl#	[%] Basiswert: 100	S. 62
Horizontal skalieren	vorname_4_8#csh_80_120#	
#csv_ZahlMin_ZahlMax# #csv_Zahl#	[%] Basiswert: 100	S. 62
Vertikal skalieren	vorname_4_8#csv_80_120#	
#ct_ZahlMin_ZahlMax# #ct_Zahl#	[Em/1000] Basiswert: 0	S. 63
Laufweite	vorname_4_8#ct_-10_20#	

#cb_ZahlMin_ZahlMax# #cb_Zahl#	[pt] Basiswert: 0	S. 63
Grundlinienversatz	vorname_4_8#cb_-10_20#	
#cc:Farbebene#		S. 69
Farbe aus Farbebene	vorname_4_8#cc:Grautöne#	

Ebenentransformation

#ls_ZahlMin_ZahlMax# #ls_Zahl#	[%] Basiswert: 100	S. 69
Skalieren	vorname_4_8#ls_80_100#	
#lh_ZahlMin_ZahlMax# #lh_Zahl#	[pt] Basiswert: 0	S. 69
Horizontal verschieben	vorname_4_8#lh_-10_20#	
#lv_ZahlMin_ZahlMax# #lv_Zahl#	[pt] Basiswert: 0	S. 67
Vertikal verschieben	vorname_4_8#lv_-10_20#	
#lr_ZahlMin_ZahlMax# #lr_Zahl#	[Grad] Basiswert: 0	S. 67
Drehen	vorname_4_8#lr_-10_20#	
#le:Stilname#		S. 71
Stil zuweisen	vorname_4_8#le:glas#	
#le:Stilname_ZahlMin_ZahlMax#		S. 71
Zufällige Auswahl eines Stils, dessen Nummer im angegebenen Bereich liegt.	vorname_4_8#le:glas_2_5#	
#le:Stilname_ZahlMax#	Basiswert: 1	S. 71
Zufällige Auswahl eines Stils, dessen Nummer kleiner oder gleich ZahlMax ist.	vorname_4_8#le:glas_5#	
#limh_ZahlMin_ZahlMax# #limh_ZahlBreite#	[pt] Basiswert: 0	S. 75
Breite begrenzen Breite festlegen	vorname_4_8#limh_100_120# vorname_4_8#limh_100#	
#limv_ZahlMin_ZahlMax# #limv_ZahlHöhe#	[pt] Basiswert: 0	S. 75
Höhe begrenzen Höhe festlegen	vorname_4_8#limv_100_120# vorname_4_8#limv_100#	

Zusätzliche Optionen

#action:*Aktionsname*#		S. 77
Aktion ausführen	vorname_4_8#action:wellen#	
#random#		S. 61
unabhängige Zufallssequenz verwenden	vorname_4_8#random#	
#random_*ZahlSlots*#		S. 61
Zufallssequenz verwenden, bei der der Wertebereich in Slots eingeteilt wird	vorname_4_8#random_4#	
#random_*ZahlSlots*_*ZahlZyklus*#		S. 61
Zufallssequenz verwenden, bei der der Wertebereich in Slots eingeteilt wird und sich die Werte nach einer vorgegebenen Zykluslänge wiederholen.	vorname_4_8#random_4_8#	

Bildbuchstabenbasierter Textaustausch

#f:*Bildfontdatei*#		S. 79
Bildfont verwenden	vorname_4_8#f:splash.psd#	
#fa:*Position*#	links, zentriert, rechts, left, center, right oben, mitte, unten, top, middle, bottom	S. 79
Textausrichtung von horizontalem bzw. vertikalem Text	vorname_4_8#f:splash.psd #fa:zentriert#	
#fs_*ZahlMin*_*ZahlMax*#	[pt]	S. 62
Schriftgröße	vorname_4_8#f:splash.psd #fs_25_30#	
#fsh_*ZahlMin*_*ZahlMax*# #fsh_*Zahl*#	[%] Basiswert: 100	S. 62
Horizontal skalieren	vorname_4_8#f:splash.psd #fsh_80_120#	
#fsv_*ZahlMin*_*ZahlMax*# #fsv_*Zahl*#	[%] Basiswert: 100	S. 63
Vertikal skalieren	vorname_4_8#f:splash.psd #fsv_80_120#	
#ft_*ZahlMin*_*ZahlMax*# #ft_*Zahl*#	[Schriftgröße/1000] Basiswert: 0	S. 63
Laufweite	vorname_4_8#f:splash.psd #ft_-30_30#	
#fb_*ZahlMin*_*ZahlMax*# #fb_*Zahl*#	[pt] Basiswert: 0	S. 63
Grundlinienversatz	vorname_4_8#f:splash.psd #fb_-10_20#	

`#fr_ZahlMin_ZahlMax#` `#fr_Zahl#`	[Grad] Basiswert: 0	S. 67
Drehen	`vorname_4_8##f:splash.psd` `#fr_-10_20#`	
`#fe:`*`Fontebene_Stil:Fontebene2_Stil2`*`#`		S. 75

Stile anwenden	`vorname_4_8##f:splash.psd`
	`#fe:front_mystyle_1_6:`
	`back_mystyle_2_4#`	

`#ignore:`*`Glyphbedingung1:Glyphbedingung2`*`#`		S. 79
Glyphen nicht verwenden	`vorname_4_8##f:splash.psd` `#ignore:start:notmiddle#`	
`#merge:none#`	Basiswert: partial	S. 80
Nicht reduzieren	`vorname_4_8##f:splash.psd` `#merge:none#`	
`#merge:partial#`	Basiswert: partial	S. 80
Nur jeweils gleichnamige Ebenen der Bildglyphen reduzieren	`vorname_4_8##f:splash.psd` `#merge:partial#`	
`#merge:before#`	Basiswert: partial	S. 80
Reduzieren der Bildglyphen-Ebenen vor der Anwendung von Stilen ausführen	`vorname_4_8##f:splash.psd` `#merge:before#`	
`#merge:partial:before#`	Basiswert: partial	S. 80
Nur jeweils gleichnamige Ebenen der Bildglyphen vor der Anwendung von Stilen reduzieren	`vorname_4_8##f:splash.psd` `#merge:partial:before#`	
`#paths:none#`		S. 80
Pfade entfernen	`vorname_4_8##f:splash.psd` `#merge:none#paths:none#`	

Glyphenerzeugung

`#g:`*`Glyphe:BoundingBox:Outline:Bausteindatei:Zeilenabstand:`* *`Überlappung`*`#`		S. 92
Glyphe aus Bausteinen erzeugen	`muster#g:A:BBPfad:_A1:` `Bausteinfont.psd:120:50#`	

Glyphenbezeichnung in Bildfonts

Anfang des Glyphennamens

A		S. 86
Glyphe repräsentiert Buchstaben A	A A_variante	
#ABC#		S. 86
Glyphe repräsentiert Buchstaben A, B, C, …	#Aa# # #	

Glyphenbedingungen

`#start#`		S. 87
Glyphe kann nur als erste Glyphe in einem Text verwendet werden.	A#start#	
`#notstart#`		S. 87
Glyphe kann nicht als erste Glyphe in einem Text verwendet werden.	A#notstart#	
`#end#`		S. 87
Glyphe kann nur als letzte Glyphe in einem Text verwendet werden.	A#end#	
`#notend#`		S. 87
Glyphe kann nicht als letzte Glyphe in einem Text verwendet werden.	A#notend#	
`#middle#`		S. 87
Glyphe kann nicht als erste oder letzte Glyphe in einem Text verwendet werden.	A#middle# A2#middle#succ_VW#	
`#notmiddle#`		S. 87
Glyphe kann nur als Start- oder Endglyphe eines Textes verwendet werden.	A#notmiddle#	
`#succ_ABC#`		S. 89
Glyphe kann nur vor den angegbenen Zeichen verwendet werden	A2#middle#succ_VW#	
`#notsucc_ABC#`		S. 89
Glyphe kann nicht vor den angegebenen Zeichen verwendet werden	A#notsucc_VW#	
`#pred_ABC#`		S. 89
Glyphe kann nur nach den angegebenen Zeichen verwendet werden	A#pred_123467890#	
`#notpred_ABC#`		S. 89
Glyphe kann nicht nach den angegebenen Zeichen verwendet werden	A#notpred_,.#	

Printing and Binding: Stürtz GmbH, Würzburg